Macht hat, wer macht!

Jens Umlauf

Macht hat, wer macht!

Wie soll ich finden, wer ich bin, wenn
ich nicht tue, was ich will?

Sachbuch

© 2019 Jens Umlauf
Korrektorat: Vera Heinrich
Illustrationen: Tobias Wagner
Herstellung und Verlag: BoD – Books on Demand, Norderstedt
ISBN: 978-3-750-41515-7

Macht hat, wer macht!

Macht hat, wer macht!

Macht hat, wer macht!

Ach, wenn doch endlich...

„Wenn doch endlich dieses oder jenes eintritt, dann kann ich auch endlich loslegen." Wie oft gehen uns derartige Gedanken durch den Kopf? Ständig warten wir auf etwas oder einen Umstand, der doch endlich Besserung der jetzigen Situation herbeibringen wird.

Sind Sie es auch leid, immer auf etwas zu warten? Einen Umstand, eine Person, ein Verhalten, das sich ändern soll, oder auf das höhere Gehalt, bevor Sie nun endlich das machen können, was Sie eigentlich schon immer machen wollten? Nur die Tatsache, dass besagter Umstand noch nicht eingetreten ist, hält Sie davon ab?

Die schlechte Nachricht:

Es spielt keine Rolle, ob das gewünschte Ereignis eintritt oder nicht. Außerdem wissen Sie auch gar nicht, wann sich der gewünschte Umstand einstellen würde. Was haben Sie dann bekommen, was Sie jetzt noch nicht haben? Was ermöglicht es Ihnen oder ist es nur ein weiterer Schritt, um auf den übernächsten Schritt zu warten? Dieser Umstand müsste dann auch erst eintreten, um dann – aber wirklich dann – loszulegen?

Und was machen Sie in der Zwischenzeit?

Die gute Nachricht:

Sie brauchen nicht länger zu warten – Punkt, that´s it!

Legen Sie los, es gibt nichts, worauf Sie warten müssen. Wenn Sie etwas machen wollen, dann spielt es überhaupt keine Rolle, welche berufliche Position Sie bekleiden, wie viel Geld Sie verdienen, mit welchem Partner Sie gerade zusammen leben, wie die Wetter- oder die politische Lage gerade ist. Alles, was Sie brauchen, haben Sie bereits in sich und davon handelt dieses Buch, denn **Macht hat, wer macht!**

Ich strenge mich an, doch am Ende scheitere ich immer wieder.

Macht hat, wer macht!

Kommt Ihnen dieser Gedanke bekannt vor? Sie wollen etwas Bestimmtes erreichen, haben das Wissen und Mut dafür, etwas zu tun, legen los und0 schließlich, als Sie alles dafür getan haben, stellen Sie fest, dass es doch nicht genug war? Es kommen in Ihnen Gedanken auf wie: „Das ist schon ganz gut, was ich bis hier gemacht habe, aber die anderen sind besser."

Das fühlt sich richtig mies an. Dabei habe ich mir doch solche Mühe gegeben. Ich habe mich so angestrengt und jetzt ist alles vergebens. Bereits in der Kindheit habe ich gelernt, was uns nicht umbringt... Na den Rest kennen Sie ja. Also, aufstehen und weitermachen. Ich muss noch erst diese oder jene Ausbildung machen oder noch 10 Kilogramm abnehmen, dann, aber auch nur dann, könnte ich den Job bekommen oder meinen Wunschpartner finden.

Und schließlich, nachdem Sie noch eine Ausbildung, ein weiteres Seminar besucht oder sogar 15 Kilogramm abgenommen haben, stellen Sie wieder fest: Es ist genauso wie die Male davor. Die anderen sind immer besser. Die anderen haben es noch besser gemacht.

Die schlechte Nachricht ist: Das wird immer so sein. Immer wird irgend-jemand oder irgendetwas besser sein als wir. Also was tun? Den Kopf in den Sand stecken und einfach aufgeben? Alles so lassen, wie es ist? Es hat ja sowieso keinen Sinn? Falsch, denn es gibt ja noch die gute Nachricht und die lautet: Wenn ich die anderen oder die Umstände NICHT ändern kann, mich selbst und vor allem meine Gedanken kann ich jederzeit ändern. Und das sofort. Es liegt in Ihrer Hand. Jetzt und hier können Sie beginnen.

Aber was konkret soll ich anders machen? Was kann ich unternehmen, damit diese ständige Wiederholung aufhört? Ich weiß, dass niemand kommt, um mich zu retten, also muss ich doch etwas tun, damit ich mich selbst retten kann, aber was?

Nun, zunächst haben Sie bereits etwas getan, das in die richtige Richtung geht. Sie haben sich dieses Buch ausgesucht. Hier zeige ich Ihnen, wie es Ihnen gelingt, die eigene Macht zu entdecken oder wieder zu entdecken. Sie werden sofort feststellen, dass ich alles aus eigener Erfahrung niedergeschrieben habe. Also keine graue Theorie, wie etwas funktionieren könnte, sondern reine Praxis:

Ich habe viele Jahre damit zugebracht, immer *richtig* zu sein. Ich war fleißig, engagiert und strebsam. Immer mit dem Gedanken, wenn ich dieses oder jenes erreiche, dann habe ich es geschafft. Dann habe ich... Dann werde ich... Meistens wurde ich enttäuscht.

Ich lernte, wenn Dinge und Situationen sich im Leben immer und immer wiederholen, dann muss es etwas mit mir zu tun haben. Ich wusste nur noch nicht, was. Das brachte mich zu einem weiteren wichtigen Punkt, den ich noch nicht beherrschte. Geduld! Geduld war damals nicht meine Stärke. Ich verweigerte mich regelrecht dagegen, Geduld für etwas zu haben. Ich sah nicht ein, auf etwas zu warten, wenn man doch die Zeit besser nutzen konnte, um etwas anzupacken und zu unternehmen. Noch weniger konnte ich verstehen, dass andere Menschen nicht genau so dachten und aktiv wurden, wo die Arbeit doch offensichtlich vor ihnen lag.

Bitte verstehen Sie mich richtig, es ist nach wie vor gut und richtig, Dinge anzupacken und loszulegen. Ein Großteil dieses Buches handelt schließlich davon. Das, was jedoch jeglicher Aktivität vorausgehen muss, ist, den Teil in sich selbst zu finden, der es uns ermöglicht, in die eigene Kraft und Ruhe zu kommen. Dadurch wird unser weiteres Denken und Handeln eine ganz andere Qualität annehmen.

Heute kann ich, obwohl ich noch viel erledigen wollte, mich einfach vor das Haus in die Sonne setzten, meinen Hund beobachten, die Sonnenstrahlen genießen und den Wolken am Himmel zusehen, wie sie vorüberziehen. Ich bin dann ganz im „Hier und Jetzt". Alles, was ich dann tue, mache ich, weil ich das will und nicht, weil ich jemand anderem gefallen will.

Ich wünsche Ihnen eine erkenntnisreiche Zeit dabei, dieses Buch für sich zu entdecken.

Macht hat, wer macht!

1. Wie soll ich das bloß schaffen?

Zweifel über Zweifel

Sicherlich haben Sie oft in Ihrem Leben eine gute Idee gehabt. Sei es, ein eigenes Geschäft zu eröffnen, endlich die ersehnte große Reise zu unternehmen, ein neues Konzept in Ihrer Firma vorzustellen oder oder oder. Im ersten Moment waren Sie regelrecht Feuer und Flamme, doch schon nach kurzer Zeit überkommt Sie der erste Zweifel. Das gibt es doch schon alles, wer will das schon, oder damit mache ich mich doch lächerlich.

Das sind die üblichen Zweifler, die in uns ruhen und jedes Mal, wenn diese die Gelegenheit dazu bekommen, treten sie auch ans Tageslicht. Solche Gedanken geben, was sie können, um Ihnen Ihre „Flausen" wieder auszureden. Am Ende bleibt nichts außer der Idee, die Sie lieber wieder ganz schnell vergessen wollen, bevor Sie das laut ausgesprochen haben und sich jemand anderes darüber lustig machen kann.

Wäre es nicht schön, stattdessen mal das, was Ihnen da so durch den Kopf geht, in die Tat umzusetzen? Einfach mal das tun, was Ihnen gerade in den Sinn gekommen ist? Und da liegt auch schon die Antwort. „... was Ihnen in den Sinn gekommen ist." Es hat einen Sinn, sonst hätten Sie diese Idee nicht bekommen. Warum sollte sie sonst da sein, die Idee? Den einzigen Kritiker, den wir haben, sind wir selbst. Denn noch hat ja niemand etwas von Ihren Gedanken erfahren. Wer also redet da die ganze Zeit mit Ihnen?

Wenn ich die Idee umsetze, werden aber Kritiker kommen, das weiß ich ganz genau, denken Sie jetzt? Natürlich, das kann so sein. Was ist schlimm daran? Wer sagt, dass Sie alle lieben müssen? Schauen Sie zum Vergleich auf irgendein Produkt im Internet, das mit Kundenrezessionen versehen ist. Was können Sie da lesen? Genau, einige finden das Produkt richtig gut und wieder andere finden es mäßig und einige gar nicht gut. Das ist ihr gutes Recht. Waren Sie selbst nicht schon mal mit jemandem unterschiedlicher Meinung? Natürlich, es ist völlig normal. Das ist die offene und ehrliche Meinung und ganz nebenbei ist das der beste Weg, sich zu verbessern. Nur wenn Sie aufrichtiges Feedback bekommen, haben Sie die Möglichkeit, sich neu auszurichten und zu optimieren. Aber Sie entscheiden, was Sie davon annehmen wollen und was nicht.

Ein schönes Beispiel dazu: Schauen Sie einmal, wie viele Joghurts es in Ihrem heimischen Supermarkt zu kaufen gibt. Glauben Sie im Ernst, dass ein Produzent von Joghurts sich davon abschrecken lässt, dass es bereits so viele andere Produkte dieser Art gibt? Er macht sein Ding, lässt sich nicht davon beirren und stellt eben den 89. Joghurt mit verschiedenen Geschmacksrichtungen her. Es gibt eben nicht nur das eine „richtige" Ding. So gibt es auch nicht nur den einen richtigen Schuster, Bäcker, Schriftsteller, Manager, Künstler und und und... Es gibt viele, die etwas Ähnliches machen oder herstellen. Doch eines unterscheidet sie alle: Diejenigen unter ihnen, die erfolgreich sind, das sind die Menschen, die sich nicht davon abhalten lassen. Sie lassen sich nicht davon abhalten, was andere Menschen denken, sagen oder auch schon gemacht haben. Selbst wenn es dem eigenen Projekt ähnelt. Sie haben eine Idee und an die glauben sie.

Stellen Sie sich mal vor, wie es wäre, wenn Sie nur noch eine einzige Joghurtmarke im Kühlregal vorfinden würden? Nur mal so...

Doch zurück zu den Kritikern, die wir fürchten. Gehen Sie davon aus, dass nicht jeder Ihre Idee mit der gleichen Euphorie liebt, wie Sie es tun. Das ist auch gar nicht notwendig. Es gibt genügend andere Menschen, die das tun. Sie müssen diese nur finden.

Denken Sie beispielsweise an Kolumbus. Er hatte die Vision, Indien auf dem Seeweg zu erreichen. Er war überzeugt von seiner Idee. Sind ihm gleich alle um den Hals gefallen und haben sein Projekt unterstützt? NEIN, im Gegenteil. Teilweise musste Kolumbus Hohn und Spott ertragen, bis er seine Idee verwirklichen konnte. Doch letzten Endes war er so angetan von seiner Idee, dass er sich trotz vielfacher Rückschläge nicht davon hat abbringen lassen.

Macht hat, wer macht!

Was ist nun das Geheimnis dieser Menschen, derer Beispiele es noch viele gibt?

Schritt 1:

Sie haben zunächst an sich und vor allem an ihre Idee geglaubt. Kolumbus konnte nicht wissen, dass er auf dem Weg zunächst etwas ganz anderes und letzten Endes etwas viel Größeres finden würde.

Also, glauben Sie an sich und Ihre Idee!

Schritt 2:

Sie haben etwas anders gemacht als das, was es schon gab. Sie haben sich von der Masse abgehoben. Hierzu kommt uns eine einfache Formel zur Hilfe, die ich selbst in einem Rhetorik-Seminar vor vielen Jahren kennengelernt habe:

5xA = Anders anfangen als alle anderen!

Es ist sehr simpel: So bieten beispielsweise mehrere Geschäfte der gleichen Branche in einem Ort die gleichen Waren oder Dienstleistungen an. Wie werden Sie als Kunde einen Unterschied feststellen? In der heutigen Gesellschaft geht das zunächst schnell über den Preis. Einer versucht den anderen zu unterbieten und am Ende ist der Ertrag so gering, dass das eine oder andere Geschäft im Laufe der Zeit schließen muss. Oder ist Ihnen noch nicht aufgefallen, dass viele Geschäfte und Lokale teilweise eine viel kürzere Lebensdauer haben, als vor 15 Jahren?

Nun zurück zu der Frage, wie können Sie sich zu den anderen differenzieren?

Antwort: Machen Sie etwas anders!

Hierzu ein Beispiel: Vor zehn Jahren habe ich unter anderem Automobilverkäufer ausgebildet. Mein Hauptthema waren Finanzdienstleistungen. Es ist eine sehr *spannende* Herausforderung, ein soooo langweiliges Thema zu schulen. Doch dann fragte ich mich, was könnte die Sache interessant machen? Was interessiert meine Teilnehmer? Was bringt sie weiter? Wodurch haben sie den höchsten Nutzen?

Die Antwort war ganz einfach: Wie kann ein Autoverkäufer mittels Finanzdienstleistungen mehr Geld, schneller Geld und sicherer sein Geld verdienen? Dazu schaute ich mir die Seminare an, die bisher in dieser Branche durchgeführt wurden. Das Ergebnis war erschreckend, jedoch für mich der goldene Weg. Ich brauchte es nur ein wenig anders zu machen. Konkret heißt das, dass bisher alle Schulungen dieser Art in Form von *Frontbeschallung* (wie wir das nannten) durchgeführt wurden.

Mit anderen Worten, stellen Sie sich bitte vor, Sie werden von Ihrem Chef zu einem Finanzdienstleistungsseminar geschickt. Welche Erwartungen haben Sie? Richtig – langweiliges Thema – langweiliges Seminar. Genauso war es auch. Vielleicht saßen Sie selbst schon

Macht hat, wer macht!

mal in einer Veranstaltung, in der es Ihnen schwer viel, die Augen offen zu halten und quälend langsam die Zeit verstrich. Eine Powerpointfolie nach der anderen mit Fakten, unendlichen Aufzählungen von Produktmerkmalen und abgenutzten Verkaufsvorteilen. Sie hofften nur, dieser Alptraum möge bald vorbei sein und dass Sie nach Hause fahren können. Was haben Sie also erreicht, außer Ihre Zeit zu verschwenden? NICHTS.

So nun zur Lösung. Ich fragte meine Teilnehmer zu Beginn jeder Veranstaltung, was Sie denn glauben, was hier heute passieren würde? Oft kamen wenig enthusiastische Antworten wie, „man" lasse sich überraschen oder wurde vom Chef hierher geschickt. Die nächste Frage nach dem Sinn von Finanzdienstleistungen wurde auch noch mit der gleichen Monotonie beantwortet. Hier fielen Begriffe wie Kundenbindung, Werkstattumsatz, usw. Auf gut Deutsch, bla bla bla.

Und an der Stelle begann mein erstes A. Ich begann, die Teilnehmer gezielt zu provozieren. Ich fragte, ob das ihr Ernst sei, da Vertriebler in der Regel nach Absatz von Produkten, weniger nach Werkstattumsatz bezahlt werden. Nach anfänglichem leichtem irritiertem Schweigen kam dann zögernd die Zustimmung.

„Was konkret bedeutet Kundenbindung für Sie? Wie erreichen Sie das? Welchen Vorteil haben Sie dadurch?", fragte ich. Auch hier gab es nur abgedroschene Phrasen. Es kam mir so vor, als wurde nur lieblos das zur Antwort gegeben, von dem die Teilnehmer glaubten, dass ich dieses hören wollte. Gerade so, als wären die Antworten einstudiert worden.

Ich erhielt diese Erkenntnis zuvor auf einem meiner ersten Seminare dieser Art. Ein älterer und erfahrener Gebrauchtwagen-Verkäufer antwortete mir an dieser Stelle, dass ich doch etwas Bestimmtes hören wolle. Diese Aussage ließ mich aufhorchen und ich erkannte, dass Seminare dieser Art bislang eher eine Art Frage-Antwort-Spiel waren mit vorgefertigten Rollen.

Wer mag das schon, etwas sagen zu müssen, von dem man glaubt, dass es von einem erwartet wird? Möchten Sie als erwachsener

Mensch etwas sagen oder tun müssen, was nicht Ihrer wirklichen eigenen Meinung entspricht? Meine Erkenntnis daraus war, dass meine Teilnehmer das Gefühl hatten, dass ich gar nicht an deren Meinung interessiert war. Offensichtlich muss es in der Vergangenheit so gewesen sein, denn wo sollten diese Menschen eine derartige Meinung her haben?

Nun gut, zurück zum eigentlichen Seminar. Ich fragte die Teilnehmer nun, was denn konkret passieren müsste, damit Sie einen Vorteil davon haben, wenn sie Finanzdienstleistungen verkauften? Zögerlich kamen Antworten: „Mehr Geld verdienen, weniger Stress in den Abläufen."

Damit hatte ich einen konkreten Auftrag. Jetzt begann ich mit dem eigentlich geplanten Seminarinhalt. Ich begann, die Vorteile im Dialog mit der Gruppe (keine Frontbeschallung) zu erarbeiten.

Ich habe mich für meine Teilnehmer interessiert und mich in diese gedanklich hinein versetzt. Ich habe mir überlegt, was diese Menschen dachten, was sie wirklich wollten oder auch welche Zweifel diese in sich trugen. Meine Teilnehmer spürten, dass ich an ihrer ehrlichen Meinung interessiert war.

Nun endlich konnte ich mit dem ursprünglichen Thema, den Finanzdienstleistungen, beginnen. Da lief das Seminar wie von selbst. Ich hatte ihre Aufmerksamkeit gewonnen. Die gewohnte Vorgehensweise war durchbrochen. Das gab es ja noch nie…

Macht hat, wer macht!

Fazit: Was habe ich anders gemacht? Die Teilnehmer hatten die Erwartungshaltung, dass ein langweiliges Thema in einer langweiligen Präsentationsart durchgeführt werden würde. Diese Erwartung wurde bislang erfüllt. Ich habe diese eingeschliffenen Wege durchbrochen, indem ich mich <u>nicht</u> mit den gewohnten, standardmäßigen Antworten zufrieden gegeben habe. Ich habe weiterhin die Teilnehmer mit der Wahrheit konfrontiert, die viele bis dahin dachten, aber nicht aussprachen. Ferner habe ich den wahren Vorteil für die Anwesenden aufgezeigt und die Vorteile gemeinsam erarbeitet.

Zusammengefasst:

- **Erwartungen erspüren und in mein Gegenüber hinein versetzen**

- **Gewohntes durchbrechen**

- **Vorteile aufzeigen**

- **Dialog statt Frontbeschallung**

Wenn Sie sich nun fragen, was können Sie anders machen, dann schauen Sie einfach an, was alle in Ihrem Bereich gleich machen und dann machen Sie etwas anderes, was die Aufmerksamkeit der Betroffenen erlangt.

Beschäftigen Sie sich mit Ihren Kunden, Klienten, Patienten, Kollegen, Familien, Partnern, eben allen Ihren Mitmenschen. Denken Sie sich in die anderen hinein. Was können Sie für die anderen tun, was für diese Menschen sinnvoll, nutzbringend oder einfach nur erfreulich ist?

Denn niemand wird sich bewegen oder gar Geld für etwas zahlen, wenn er den Sinn oder den Vorteil nicht für sich selbst erkennt. Ansonsten geht es Ihnen wie den vielen Unternehmern, die meinen, über einen Preisvorteil lasse sich alles regeln. Das ist ein Irrtum.

Machen Sie es anders!

2. Wie komme ich dahin, wo ich wirklich hin will?

Bevor es losgeht, erstmal angucken, was ist.

Auch wenn der Titel verheißt, dass es hier gleich zur Sache geht, so muss ich Sie jetzt schon um etwas Geduld bitten. Der Witz ist, wie ich bereits erwähnte, dass dies überhaupt nicht meiner eigenen Stärke entspricht. Ich bin auch eher der Typ, der erstmal Gas gibt, um dann später die Buchhaltung zu machen.

Doch hier geht es erstmal um etwas völlig anderes. Es geht darum, erst einmal eine, sagen wir mal, Bestandsaufnahme zu machen. Damit meine ich sich anzuschauen, was wirklich gerade um Sie herum passiert. Häufig entsteht der Wunsch, etwas zu ändern, daraus, dass man nicht mit dem zufrieden ist, was gerade so ist, wie es ist.

Mit anderen Worten, es sollte etwas **nicht** so sein, wie es gerade ist. Noch besser ist die Steigerung, wenn wir von anderen Personen denken, dass diese anders sein sollten, oder sich anders verhalten sollten.

An dieser Stelle geht es überhaupt nicht darum, wer hier vielleicht Recht hat oder die Schuld für irgendetwas trägt. Einzig und allein um die Annahme der jetzigen Situation geht es an dieser Stelle. Also konkret bedeutet das, seine eigene Lage zu akzeptieren, und dass diese jetzt da ist. Punkt.

Das bedeutet, Sie haben die Wahl. Bitte verstehen Sie den Unterschied:

Variante A: Sie hadern mit etwas oder jemanden, um die ganze Energie darauf zu verschwenden, dass es Ihrer Meinung doch anders sein sollte.

Variante B: Sie versuchen es so zu sehen, wie es gerade eben ist und nehmen diesen Zustand erst einmal an.

Macht hat, wer macht!

Warum ist das so wichtig? Erst wenn es uns gelingt, das Hier und Jetzt anzunehmen, werden wir die ausreichende Energie haben, etwas zu ändern. Außerdem werden Sie erst dann erkennen können, was der richtige Weg ist. Klingt noch etwas undurchsichtig für Sie? Das ist völlig in Ordnung.

Versuchen wir es mit einem leichten Beispiel:

Ein möglicher Gedanke: *Es sollte nicht regnen.*

Was für eine Gedankenverschwendung denken Sie? Richtig. Das Wetter können Sie nicht ändern. Sobald wir uns das bewusst machen, stellen wir fest, dass es sich um verschwendete Energie handelt. Diese könnte ich besser dafür nutzen, mich richtig anzuziehen. Schon habe ich aus einem scheinbaren Problem eine vernünftige Lösung abgeleitet.

Kommen wir zu einem schwierigeren Beispiel:

Ein möglicher Gedanke: Ich hätte befördert werden sollen anstelle dieses arroganten Kollegen, der sowieso nichts richtig machen kann. Der hat den Job nur bekommen, weil er die Chefetage gut kennt.

Was ist Ihr erster Impuls bei diesem Gedanken? Hat keinen Zweck, der Zug ist abgefahren. Schließlich wurde der andere Kollege bereits befördert? Glückwunsch, Sie haben es bereits verstanden.

Sie können an der Situation nichts mehr ändern, da diese bereits eingetreten ist. Es ist ein Umstand, der bereits existiert, genauso wie das Wetter. Es spielt überhaupt keine Rolle, warum oder wieso der Kollege befördert wurde. Es ist, was es ist. Der Kollege wurde befördert, der andere nicht. Punkt. Sobald das akzeptiert wird, können wir beginnen, uns nach Möglichkeiten umzusehen, wie wir mit der Situation zurechtkommen oder versuchen, diese zu ändern.

Die Akzeptanz dessen, was ist, ist die Grundvoraussetzung für Veränderung. Hier noch einige weitere Beispiele für mögliche Ausgangssituationen:

- Kündigung des Arbeitsplatzes oder der Wohnung
- Verlassen-Werden durch den Partner oder Ehegatten
- Geld an der Börse verloren
- Ein wertvolles Erbstück ist zerbrochen oder beschädigt
- Einbruch oder Brand in Ihrem Haus oder Ihrer Wohnung
- Umstrukturierung auf der Arbeit. Sie müssen sich in eine neue Aufgabe oder in ein neues IT-System einarbeiten
- Steuern werden erhöht
- Geliebte Menschen verunglücken oder sterben

Sobald es Ihnen gelingt, das anzunehmen, was schon da ist, ja es vielleicht sogar zu lieben, dann werden Sie mit schnellen Schritten weiter zur Veränderung schreiten.

Fazit

Schritt 1:

Schauen Sie auf das, was ist. Was konkret ist genau der Umstand oder

die Situation?

Schritt 2:

Akzeptieren Sie das, was ist. Vergeuden Sie keine Energie mit dem, wie Sie es eigentlich gerne gehabt hätten.

Schritt 3

Lieben Sie, was ist! (Oft ist das, was wir haben, besser. Doch das erkennen wir erst vielfach später. Manchmal erst Monate oder Jahre später.)

Macht hat, wer macht!

Sobald wir das Jetzt akzeptieren,
kann die wirkliche Veränderung beginnen!

Macht hat, wer macht!

Vom Rotwein und inneren Werten...

Es ist schon komisch, als ich in jungen Jahren dann und wann eine Flasche Rotwein kaufen wollte, sei es zum Kochen, als Geschenk oder auch zum eigenen Verzehr, habe ich immer nach dem Etikett gekauft. Das Label, das mich am meisten ansprach, diese Flasche habe ich gekauft. Meist stellte sich dann heraus, dass der Wein nicht wirklich schmeckte. Nun muss ich dazu sagen, dass ich zu dieser Zeit keine Ahnung von Wein hatte. Nicht, dass ich jetzt ein Weinspezialist bin, doch im Laufe der Jahre habe ich gelernt, das zu erkennen, was mir wirklich schmeckt. Was ist jetzt genau der Unterschied zu vorher?

Aufgrund von Erfahrungen mit verschiedenen Weinsorten weiß ich schon einmal von vorneherein, welche Sorten mich ansprechen und welche nicht. Aufgrund dieser Erfahrungen suche ich heute meinen Wein aus. Falls dann noch ein schönes Label auf der Flasche zu finden ist, umso besser. Aber niemals mehr umgekehrt!

Was hat das jetzt mit inneren Werten zu tun? Der Wein ist der Inhalt der Flasche und das Etikett die äußere Erscheinungsform. So verhält es sich auch mit uns Menschen.

Natürlich sehen wir Menschen, die uns bis eben noch unbekannt sind, zunächst von der äußeren Seite. Wir achten auf die äußere Erscheinungsform, Kleidung, Aussehen, Gestik, Mimik usw. Um bei dem Beispiel mit dem Wein zu bleiben, sortieren wir diese beispielsweise zu einem Merlot oder Cabernet Sauvignon ein. In schlechteren Fällen auch zu dem billigen Fusel. (Vorsicht Schubladendenken!)

Je nachdem, was wir bevorzugen, suchen wir die Nähe der jeweiligen Person. Oft aber haben wir mit Menschen zu tun, die wir selbst nicht ausgesucht haben. Beispielsweise bei der täglichen Arbeit in Meetings oder Projekten. Auch hier machen wir diese Unterschiede.

Soweit so gut oder schlecht? Doch wie geht es weiter? Das ist die entscheidende Frage. Trauen Sie sich zu, eine Weinsorte zu kosten, die Ihnen bislang unbekannt war, das Etikett nicht ansprechend ist?

Macht hat, wer macht!

Es besteht die Möglichkeit, dass der Wein aus einem anderen Anbaugebiet anders oder vielleicht sogar besser schmeckt. Oder bleiben Sie bei dem, was Sie kennen und sagen Sie strikt nein?

Wie auch immer Sie sich entscheiden, es gibt keine Garantie für Erfolg. Sie können trotz Abneigung einen Versuch starten. Sie könnten vom Ergebnis auch positiv überrascht werden. Falls nicht, verfallen Sie bitte nicht in die Denkweise: *Wusste ich doch, der taugt nichts.* Sie berauben sich Ihrer eigenen Chancen. Was noch viel schlimmer ist, wenn wir von Menschen sprechen, dann berauben Sie auch Ihre Mitmenschen, Sie richtig kennenzulernen.

Ich behaupte, so kommt es unter anderem zu dem viel zitierten Mobbing.

Bitte stellen Sie sich vor, wie Sie als neues Teammitglied in einer neuen Firma oder einfach nur in einer neuen Abteilung Ihre Arbeit aufnehmen wollen. Das vorhandene Team macht Sie mit allem vertraut. Unter anderem auch mit einem bis dahin bereits vom Team gemiedenen Kollegen. Mit *dem* einfach etwas nicht stimmt.

Was passiert jetzt in Ihrem Kopf? Sagen Sie: „Da will ich mir selbst ein Bild machen." Oder neigen Sie eher zur stillschweigenden Zustimmung und vertrauen darauf, dass die Kollegen schon einen Grund für ihre Meinung haben. Schließlich können sich so viele Menschen ja nicht irren, oder doch?

Versuchen Sie, für einen Moment innezuhalten und sich in die Lage des betreffenden Kollegen zu versetzen. Egal, wie dieser Mensch wirklich ist, er wird Sie als neues Teammitglied wahrnehmen. Er wird darauf hoffen, Sie kennenzulernen und mit Ihnen zusammenzuarbeiten. Wie oft aber kommt es vor, dass sich das neue Teammitglied bereits durch die Meinung der übrigen Kollegen ein Bild gemacht hat. Schnell kann es passieren, dass auch der neue Kollege die betreffende Person eher meidet. Der gemiedene Kollege wird diese Reaktion nicht verstehen. Warum schneidet der neue Kollege mich? Wir haben uns doch noch nicht kennengelernt. Was habe ich ihm oder ihr getan? Solche und ähnliche Fragen stellen sich solche „Außenseiter" und verlassen oft nach gewisser Zeit das Team. Oft ohne, dass diese wirklich vermisst werden. Vielleicht schlummern in ihnen unbekannte Talente, die für das Team von Vorteil wären.

Schade, denn Sie wissen nicht, was dieser Kollege alles für Reichtümer hat, die er mit Ihnen hätte teilen können.

Ich weiß, dass es manchmal schwer ist.

Auch ich lasse mich hin und wieder verleiten, aufgrund von Äußerlichkeiten zu gewissen Bildern in meinem Kopf hinreißen. Sei es, weil ich nicht in der besten Tagesform bin, oder es mir eben gerade zu einfach gemacht habe. Das Entscheidende ist, dass es sich dabei um Gedanken handelt, die ich überhaupt noch nicht überprüft habe. Zum Beispiel im Straßenverkehr, wenn ich mal so richtig schön geschnitten werde, denkt es gerne mal in mir: *Dieser Idiot, was fällt dem ein...?* Doch im gleichen Moment, in dem ich dies bemerke, versuche ich, innezuhalten und mich zu erden. Mir hat mal ein Trainerkollege gesagt, dass wir uns in solchen Momenten vorstellen sollen, dass jeder Mensch, und sei die Abneigung auch noch so groß, irgendwo einen Menschen hat, der ihn mag und liebt. Ja auch Ihre Schwiegermutter, falls Sie gerade daran dachten...

Fazit:

Schritt 1:

Versuchen Sie, jeden Menschen (Wein) neu kennenzulernen. Ignorieren Sie negative Meinungen und Äußerungen, die von Dritten über andere Personen gemacht werden.

Schritt 2:

Urteilen Sie aufgrund dessen, was Sie <u>wirklich</u> von der betreffenden Person hören und sehen – nicht, was andere Ihnen über diese sagen.

Schritt 3:

Seien Sie nicht enttäuscht, wenn es trotz Ihres Versuchs so gekommen ist, wie es Dritte vorhergesagt haben. Bleiben Sie offen, es erhöht Ihre eigenen Chancen, dass es auch ganz anders kommen kann.

Achten Sie auf das, was <u>wirklich</u> ist!

Die erste Hürde nehmen oder Ballast abwerfen...

Schon in meinen Seminaren spreche ich immer davon, dass der Nutzen immer im Vordergrund stehen muss. Jeder Mensch fragt sich vor jeder Handlung (oft unbewusst), warum er das tut bzw. was ihm das bringt.

Wir neigen dazu, an Dingen oder Umständen festzuhalten, obwohl wir vom Kopf her wissen, dass es uns anders oft besser gehen würde. Was hält uns also ab?

Die Antwort lautet schlicht und ergreifend: Angst. Angst davor, etwas zu verlieren, von dem wir nicht mal wissen, ob es uns fehlen würde. So bleiben wir in unserem Leid oft hängen und finden uns damit ab, wie es ist.

Beispielsweise lässt eine Frau von ihrem Partner nicht los, obwohl dieser sie schlecht und respektlos behandelt. Vielleicht schlägt er sie sogar und betrügt sie regelmäßig. Vielleicht kennen Sie sogar selbst solche Fälle. Als Außenstehender können wir sehr schnell erkennen, dass dieser Umstand der betreffenden Person nicht gut tut und doch ändert sie es nicht, selbst wenn wir mit ihr darüber sprechen.

Die Angst, die das verhindert, flüstert uns ein, dass wir dann alleine sind, vielleicht weniger Geld haben, dass wir nie wieder jemanden finden werden und dergleichen mehr. Angst lähmt uns und lässt uns handlungsunfähig werden. Die Angst verhindert auch, dass wir uns in der Zukunft sehen können, wie wir gut versorgt sind und es uns einfach nur besser gehen könnte.

Genau damit fängt es an, anders für uns zu werden. Sobald wir uns in der Zukunft sehen und auch fühlen können. Wie wird es sein? Was ist anders? Wie fühlt es sich an? All diese Dinge, die darauf warten, von uns entdeckt zu werden. In dem Moment, wo Sie genau sehen können, wie Ihre Zukunft aussehen darf, gehen Sie los und Sie werden alle nötige Kraft erhalten, um den Widerständen zu trotzen. Es wird Ihnen zufließen.

Macht hat, wer macht!

Vielleicht haben Sie das selbst schon einmal erlebt? Beispielsweise haben Sie sich viele Male vorgenommen abzunehmen, mit dem Rauchen aufzuhören oder mehr Sport zu machen. Es ist bei dem Vorhaben geblieben. Doch eines Tages, da hat es Sie gepackt und es ging einfach los und auf einmal haben Sie einen regelrechten *Run*. Es läuft einfach und Sie fragen sich, warum das so lange gedauert hat, bis Sie damit angefangen haben. Sie haben jetzt erreicht, dass Sie sich selbst sehen konnten und dadurch wird alles leicht und die notwendige Energie fließt Ihnen einfach zu.

Es geht also unter anderem darum, dass Sie Ballast abwerfen, den Sie oft bewusst oder unbewusst mit sich herum tragen. Kennen Sie das Gefühl, wenn Sie sich endlich aufgerafft haben, den Speicher, Keller oder die Garage aufzuräumen bzw. zu entrümpeln? Sie beißen die Zähne zusammen und auf einmal fällt es Ihnen sogar leicht, diese Arbeit auszuführen. Aber noch viel wichtiger ist, wie sich das Ergebnis anfühlt. Eine aufgeräumte Garage beispielsweise: Wie erleichternd fühlt sich das an? Denken Sie an dieses Gefühl, denn genau darum geht es: Ballast abzuwerfen, sich leicht zu fühlen.

Dieser ganze Vorgang führt Sie zu der Freiheit, die Sie sich so oft gewünscht haben. Wenn Sie frei von Ballast sind und die Leichtigkeit haben, dann haben Sie Kraft und Energie, das zu tun, was Sie wirklich wollen.

Beispielsweise beobachte ich Kollegen und Kolleginnen in unserem Unternehmen, die augenscheinlich sehr unzufrieden durch die Gegend laufen. Dabei sind die Rahmenbedingungen besonders gut (in unserem Unternehmen). Warum aber machen diese Mitarbeiter einen so unzufriedenen Eindruck? Gut, man kann auch einfach mal einen schlechten Tag haben, aber das ist bestimmt nicht ein Dauerzustand.

Die Wahrheit liegt oft darin, dass die Menschen sich der äußeren Umstände wegen (also Gehalt, Vergünstigungen etc.) für den jeweiligen Job entschieden haben. Dann aber doch irgendwann feststellen, dass dies sie nicht glücklich macht. Es gilt also immer noch: Beruf kommt von Berufung. Und nun schauen Sie sich mal in Ihrem beruflichen Umfeld um, wie es dort aussieht.

Macht hat, wer macht! 29

Aber zurück zu unserem Thema. Anstatt loszulassen, beispielsweise von dem üppigen Gehalt, verbleiben die Menschen bei einer Arbeit, die ihnen keine Freude bereitet und quälen sich Tag für Tag zur Arbeit. Kein Wunder also, wenn dann die Qualität dieser Arbeit auch oft nicht so hochwertig ist. Denken Sie nur einmal an Ihren letzten Einkauf, wie Sie da beraten wurden. Welchen Einsatz hat der Verkäufer gezeigt?

Hatten Sie den Eindruck, dass die Person ihren Beruf wirklich liebt? In Deutschland können wir von begeisterten Verkaufs- und Servicepersonal nur träumen. Zumindest flächendeckend ist das der Fall. Im Moment sind es eher die Ausnahmen, dass wir gut beraten werden. Das wiederum setzt voraus, dass die Menschen ihren Beruf mit Freude ausüben.

Ich sitze gerade, während ich das schreibe, in einem Strandkorb eines Top-Hotels am Meer. Das Personal ist aufmerksam und leistet einen super Service. Das macht mir wiederum meine Arbeit leichter. Ich zahle gerne dafür einen guten Preis.

Ich bin überzeugt davon, dass hier Menschen arbeiten, die ihre Arbeit lieben und diese mit Freude tun. Sie sind authentisch und erzielen damit die besten Ergebnisse. Welche Ergebnisse das sind? Nun, top zufriedene Gäste, die gerne wiederkommen und gerne das Hotel weiterempfehlen.

Versuchen wir loszulassen. Suchen wir danach, was uns wirklich Freude macht, was uns zum Lächeln bringt. Dann haben wir vielleicht etwas weniger Geld. Doch wir gewinnen die Freiheit, jeden Tag das zu tun, was wir lieben. Und das ist sowieso nicht mit Geld aufzuwiegen.

Fazit

Schritt 1:

Achten Sie auf Ihre Ängste, Bedenken, mögliche Szenarien, erwartete Verluste, die in Ihrem Kopf vorhanden sind. Schreiben Sie diese am besten auf.

Schritt 2:

Beginnen Sie damit sich vorzustellen, wie die neue Situation aussehen könnte, die Sie sich ersehnen. Fühlen Sie sich in Ihre zukünftige Situation hinein. Stimmt es wirklich, was Sie wollen oder ist es eher ein „Nice-to-have"?

Schritt 3:

Stellen Sie sich das schlimmste Szenario vor, das Ihren Bedenken und Ängsten zu Grunde liegt und wägen Sie dies gegen das neue Wunschbild ab. Wenn Sie es wirklich wollen, dann werden Sie feststellen, dass die möglichen Konsequenzen (von denen wir oft gar nicht wissen, ob diese so eintreten, wie jetzt vermutet) oft deutlich geringer oder gar nicht eintreten. Der Gewinn hingegen, den Sie erhalten bei Ihrer eigenen Zielerreichung, ist deutlich spürbar.

Macht hat, wer macht!

Ängste und Bedenken sind in Wahrheit oft kleiner, als wir sie vorher in unseren Gedanken groß gemacht haben!

Macht hat, wer macht!

Ziele richtig definieren

Sicherlich kennen Sie bereits eine Reihe von Zieldefinitionen. Diese sind freilich hilfreich und veranschaulichen eine mögliche Struktur zur Erarbeitung und Maßnahmenbeschreibung für gewünschte Ziele. Manche jedoch sind auch mit der Zeit etwas aufgebauscht worden, damit diese besser zu vermarkten sind. Am Ende ist es ganz einfach:

Stellen Sie sich bitte vor, dass Sie Ihren wöchentlichen Supermarkteinkauf tätigen wollen. Was machen Sie in der Regel als Erstes? Richtig, Sie schreiben eine Einkaufsliste, um sicherzugehen, dass Sie nichts vergessen. Einige von Ihnen können sich die Dinge sogar im Kopf merken. Dann handelt es sich um eine geistige Einkaufsliste.

Diese Einkaufsliste stellt in der Zieldefinition das simple WAS dar. Was wollen Sie eigentlich erreichen? Sie wollen beispielsweise ein Brot, zwölf Eier, zwei Stück Butter, eine Zeitung etc. kaufen. Nun zum nächsten Punkt, die Frage nach dem WANN? Wann wollen Sie einkaufen? Samstagvormittag, Freitagabend oder einfach nur an einem bestimmten Wochentag? Ok, die zeitliche Bestimmung muss nicht immer bis auf die Minute bestimmt werden, es sei denn es handelt sich um ein Bewerbungsgespräch.

Fassen wir also zusammen: Sie kennen das WAS und das WANN. Das reicht aus. Danach benötigen Sie nur noch das WIE. Das WIE ist Ihr Maßnahmenkatalog. Dies gehört allerdings nicht mehr zur Zieldefinition, sondern schon zu der konkreten Umsetzung. In unserem Beispiel lege ich fest, mit welchem Verkehrsmittel ich zum Supermarkt fahre oder ob ich zu Fuß gehe. Welchen Supermarkt werde ich aufsuchen? Werde ich Angebote beachten oder mich nur an die Einkaufsliste halten? Wie will ich bezahlen, bar oder mit Karte?

Nun können Sie mit einigem Recht einwenden, dass Sie einen derartigen Aufwand nicht betreiben, um Ihren wöchentlichen Einkauf zu tätigen. Dieses einfache Beispiel zeigt Ihnen lediglich, welche Schritte Sie bei einer Zieldefinition benötigen und mehr nicht.

Ein anderes Beispiel: Nehmen wir an, Sie wollen ein paar Kilos verlieren. Was wollen Sie tun? Sie wollen Kilos verlieren – ok und wie viel? Fünf Kilo oder doch lieber sechs? Glückwunsch, Sie haben das WAS konkret definiert.

Nun zu dem WANN: Bis wann wollen Sie diese Kilos abgenommen haben? Bis zum Sommer? Bis zum 30. Mai? Innerhalb der kommenden vier Wochen? Prima, auch diese Hürde haben Sie gemeistert.

Konzentrieren wir uns nun noch etwas mehr auf das WIE.

Effektivität vs. Effizienz

Ich höre immer wieder, dass eine Firma oder Abteilung von sich behauptet, sie sei sehr effizient. Dann muss ich zunächst etwas schmunzeln, schaue mir die Sachlage an und stelle fest: Ja, Sie sind sehr effizient. Gleichzeitig frage ich mich, sind Sie auch effektiv?

Wo liegt der Unterschied? Ganz einfach, wenn Sie effizient sind, dann machen Sie etwas sehr gut. Die Frage ist aber, ob Sie das, was Sie sehr gut machen, auch das Richtige ist. Also hat es den richtigen Effekt?

Es nutzt Ihnen nichts, wenn Sie Französisch lernen, wenn Sie nach England reisen wollen. Oder wenn Sie Ihre Kinder pünktlich zum Bus oder zur Schule bringen, wenn es die falsche Buslinie oder falsche Schule ist.

Ein einfaches Beispiel:

Sie produzieren sehr gute Autos. Diese sind leistungsstark und machen optisch was her. Sie lieben Ihre Produkte. Doch leider hat sich der Markt geändert. Die Kunden wünschen verbrauchsarme und umweltschonende Fahrzeuge.

Das heißt, Sie haben zwar sehr gute Autos gebaut (Sie waren effizient), aber haben nicht die Autos gebaut, die Ihre Kunden wünschen (Sie waren nicht effektiv).

Besser wäre also, erst effektiv zu sein und dann auch noch effizient.

In unserem Beispiel würden Sie erst umweltschonende und verbrauchsarme Fahrzeuge entwickeln. Wenn Sie das auch noch richtig gut machen, dann werden Ihre Kunden Ihnen Ihre Produkte aus den Händen reißen.

Macht hat, wer macht!

Merke:

Seien Sie erst effektiv.
(Tun Sie das Richtige.)

Danach erst, seien Sie effizient.
(Machen Sie das Richtige richtig gut.)

Kommen wir nun zu dem, wie Sie es machen. Oh oh, höre ich da erste Zweifel? Sie wollen erstmal langsam machen oder so? Hier treffen wir auf ein besonders interessantes Phänomen, das WOLLEN (nicht nur Möchten oder Wünschen). Eine Zielerreichung beinhaltet natürlich das absolute WOLLEN. Sie können planen, wie Sie möchten, ohne WOLLEN werden Sie kein Ziel erreichen. Dies ist quasi die Grundvoraussetzung für die Zielerreichung. Vergleichbar mit dem Kraftstoff, mit dem ein Fahrzeug betrieben wird. Ohne Kraftstoff ist das Auto nur ein hübsches Vehikel. Sie brauchen den richtigen Kraftstoff für Ihr Fahrzeug (Diesel, Benzin, Strom oder Gas), um sich fortzubewegen. Das Wollen ist Ihr Kraftstoff. Ohne WOLLEN ist Ihre Zieldefinition nur eine Absichtserklärung oder ein Lippenbekenntnis.

Kennen Sie die Situation, dass Sie beispielsweise beim Einkaufen auf Menschen treffen, die Sie lange nicht gesehen haben? Nach einem Informationsaustausch, was man denn so die ganze Zeit gemacht habe, kommt die Aussage: „Wir müssen uns unbedingt mal wieder treffen." Achten Sie mal darauf, wann Sie diese Person wiedersehen werden. In der Regel nie oder erst wieder, wenn weitere Jahre vergangen sind und man sich zufällig wieder irgendwo begegnet.

Sicher ist Ihnen bereits aufgefallen, was hier fehlt. Das WOLLEN. Stellen Sie doch in dieser Situation einfach mal die Frage: „Okay sehr gerne. Wann wollen wir uns wo treffen?" Sie werden erstaunt sein, wie die Reaktion ist. Sollte die betreffende Person ernsthaftes Interesse haben, sich tatsächlich mit Ihnen zu treffen, wird diese auf Ihre konkrete Frage eingehen. Selbst wenn der Termin noch in ferner Zukunft liegt, falls der Terminkalender voll ist. Eine entsprechende Abstimmung sollte nicht schwer fallen, wo wir heute fast keinen Schritt mehr ohne unsere elektrischen Spielsachen (Smartphones

Macht hat, wer macht!

inkl. Terminfunktion) machen. Selbst wenn das nicht der Fall sein sollte, wird jedes Mittel recht sein, um einen möglichen Termin oder die Telefonnummer festzuhalten. Die Telefonnummer kann ich jederzeit austauschen und ein Stift mit Zettel wird sich auch irgendwo auftreiben lassen. Also achten Sie mal drauf, wer in Ihrem persönlichen Umfeld wirklich so etwas will.

Oftmals erhalten Sie jedoch Aussagen, dass man erst noch mal nachsehen müsse oder mit der Familie besprechen müsse. Das sind in der Regel Ausflüchte und es wird, wie bereits angedeutet, nicht zu dem Treffen kommen. Differenzieren Sie hier nach Einwänden und Vorwänden.

Einwände vs. Vorwände

Einwände sind Tatsachen, die Sie ausräumen können. Beispielsweise passt der vorgeschlagene Termin nicht, da Sie hier einen wichtigen Arzttermin haben. Also schlagen Sie eine Alternative vor. Sie wollen ja wirklich das Treffen.

Vorwände sind Gründe, um etwas nicht zu tun. *Da kann ich nicht*, heißt es einfach und in der Regel werden auch keine Gegenvorschläge gemacht. Meistens enden solche Gespräche damit, dass man nochmal telefonieren würde… (also nie)

Der Vorteil bei diesem Vorgehen ist, dass Sie sofort differenzieren können zwischen einem echten Ziel und einem *„Es wäre mal ganz nett, wenn…"*

Sie ersparen sich dadurch viel unnötiges Warten und sonstige Aufwände.

Menschen, die etwas wollen, schaffen Wege.

Menschen, die etwas nicht wollen, suchen Gründe.

Zeit angemessen einplanen

Nun gibt es eventuell noch eine weitere Hürde in unserem geplanten Vorgehen. Ihnen fehlen die nötigen Fähigkeiten oder Ressourcen, um Ihr Ziel zu erreichen. Kein Problem, das gehört ja zu dem WIE, also der Durchführung.

Nehmen wir an, Sie wollen in ein Spanisch sprechendes Land auswandern und können kein Wort Spanisch sprechen. Nach Ihrer ersten Zieldefinition wollten Sie innerhalb des nächsten halben Jahres auswandern. Spanische Grundkenntnisse sind für Ihr Ziel allerdings absolut erforderlich. Eventuell kommen Sie zu der Erkenntnis, dass der Zeitaufwand für das Erlernen der Sprache und die Organisation der Auswanderung selbst höher ist als das angepeilte halbe Jahr. Dann überprüfen Sie den Termin, also das WANN. Korrigieren Sie Ihren Termin nach hinten raus, um für die Umsetzung ausreichend Zeit zu haben.

Sie können auch rückwärts planen und den Zeitpunkt daraus festsetzen. Als ich mich auf mein Examen vorbereitete, sah ich mich vier mit Fachwissen vollgestopften DINA4-Ordnern gegenüber. Natürlich können Sie sich vorstellen, wie ich mich fühlte. Erste Gedanken wie: *Das schaffe ich nie. Das ist so viel. Wie soll ich mir das alles merken?* und andere Gedanken dieser Art schossen mir durch den Kopf. Natürlich merkte ich sofort, wie ich mich selbst blockierte und plante meine Prüfungsvorbereitung wie folgt:

Zunächst zählte ich die Anzahl der gesamten Blätter, die in diesen Ordnern vorhanden waren. Ich teilte diese Summe durch die Tage, die mir bis zur Prüfung blieben (immerhin über ein halbes Jahr). Dabei berücksichtige ich Zeiten für Wiederholungen, Pausen, Auszeiten für evtl. Krankheiten, Geburtstage oder sonstige wichtige Ereignisse. Diese Pufferzeiten sind von höchster Wichtigkeit. Wenn Sie zu knapp kalkulieren, kann beispielsweise eine leichte Erkältung Sie völlig aus der Bahn werfen. Sobald Sie Ihr zu knapp kalkuliertes Pensum nicht schaffen, baut sich bei Ihnen Druck auf und gefährdet somit nicht nur den Lernerfolg, ggf. auch das Gesamtziel. (In solchen Fällen auch leider die Genesung.)

Macht hat, wer macht!

Sollten Sie die Zeiten nicht im vollen Umfang verbrauchen und bereits dazu nutzen, um weitere für später geplante Schritte zu erarbeiten, umso besser. Wenn Sie vor Ihrem Zeitplan liegen, ist das immer ein gutes Gefühl – gerade so, als wenn Sie zusätzliches Guthaben auf Ihrem Bankkonto ansammeln. Es fühlt sich nicht nur gut an, sondern führt auch zu mehr Entspannung bei der weiteren Arbeit.

Schließlich kam ich zu folgendem Ergebnis: Jeden Tag hatte ich eine überschaubare Größe an Seiten aus dem Ordner zu lernen. Dies gab mir die Gelassenheit, dass ich in kleinen Häppchen den notwendigen Stoff erlernen konnte.

Nun habe ich jeden Tag den erlernten Stoff vom Vortag wiederholt und danach die geplante Seitenzahl für den jeweiligen Tag erarbeitet. Nach kurzer Zeit kam ich in eine angenehme Routine. Jeweils am Wochenende habe ich den Stoff der gesamten Woche wiederholt. So wurde ich sicher in dem, was ich erarbeitet hatte, und eine mögliche Panik vor dem *Nichtschaffen* blieb völlig aus. Entscheidend ist, entspannt ans Ziel zu kommen.

Sie haben die Wahl:

Variante A: Rückwärts Planen. Sie legen die Teilschritte wie im Beispiel zuvor aufgrund des nicht verschiebbaren Termins auf die verbleibende Durchführungszeit fest.

Variante B: Sofern der Termin flexibel ist, passen Sie das Arbeitspensum nach hinten raus an.

Macht hat, wer macht!

Fazit

Schritt 1:

Legen Sie das WAS fest. Was konkret wollen Sie erreichen und in welchem Ausmaß?

Schritt 2:

Legen sie das WANN fest. Wann wollen Sie das WAS erreichen?

Schritt 3:

Planen Sie das WIE. Organisieren Sie einen Maßnahmenplan und legen Sie los.

Schritt 4:

Voraussetzung zur Zielerreichung ist das unbedingte WOLLEN. Alles andere sind nur Absichtserklärungen und führt nicht zum gewünschten Ziel.

Falls notwendig, planen Sie rückwärts. Gehen Sie von dem Termin rückwärts und legen Sie Ihr Arbeitspensum fest. Alternativ verschieben Sie den Termin, um das Arbeitspensum zu ermöglichen.

WAS WOLLEN Sie WANN WIE erreichen?

Macht hat, wer macht!

Ach du liebe Zeit...

Nun haben Sie ausreichend Zeitressourcen eingeplant. Dennoch passiert es immer wieder, dass wir zu viel Zeit anderen Dingen widmen, die uns vom eigentlichen Ziel abhalten. Vielleicht haben Sie selbst schon das ein oder andere Mal festgestellt, dass Sie den ganzen Tag *busy* waren und am Abend bemerken, dass Sie eigentlich nichts geschafft haben.

Es gibt hierzu jede Menge Bücher und Fortbildungen zum richtigen Zeitmanagement. Sie alle haben Ihre Berechtigung. Doch eines der grundlegendsten Elemente für effektive Zeitnutzung ist, das Richtige zu tun.

In meiner Schulzeit habe ich mich gerne um die Hausaufgaben und das Lernen herumgedrückt. Da war plötzlich das Fahrrad zu reparieren, dann habe ich gelesen (aber kein Schulbuch), etwas gemalt und was weiß ich, sonst noch alles „Wichtiges". Am Abend hatte ich meine Hausaufgaben immer noch nicht gemacht und ein schlechtes Gewissen. Doch die Aufgaben mussten ja erledigt werden. Also, was habe ich gemacht? Bitte lachen Sie jetzt nicht. Ich habe mir tatsächlich den Wecker auf 04:00 h in der Früh gestellt, um dann umständlich im Bett liegend die Aufgaben nachzuholen. Ich durfte mich ja schließlich nicht durch Bewegungen im Zimmer verraten, sodass meine Mutter etwas gemerkt hätte. Umständlich und anstrengend, denken Sie? Genauso war es. Ich bin sicher, jeder von uns hat schon eine ähnliche Geschichte dieser Art durchlebt. Sei es nun das lästige Keller- oder Dachbodenaufräumen, den Rasen zu mähen, die Studienarbeit zu schreiben, langweilige Ablagearbeiten oder die Steuererklärung zu erledigen. Wir schieben es vor uns her, obwohl es doch wichtig ist.

Also, was können Sie tun? Die Antwort lautet: Schlucken Sie die Kröte gleich an jedem Morgen. Was soll das bedeuten? Die Kröte steht für die aus unserer Sicht unangenehme Aufgabe. Schieben Sie es nicht vor sich her. Tun Sie es gleich. Wie eine Medizin, die man einnehmen muss. Bringen Sie es hinter sich. Jetzt sofort. Der Rest des Tages wird deutlich angenehmer.

Macht hat, wer macht!

Ich plane meinen Tag immer auf einem DINA4-Blatt. Nichts Dramatisches. Ich schreibe an der linken Seite einfach herunter, was ich heute alles erledigen will. Dabei mache ich bereits kleine Ausrufungszeichen vor die Kröten. Das bedeutet, ich widme mich diesen Aufgaben als Erstes. Weiter unten schreibe ich auf, was ich am Abend alles machen will und muss. Damit stelle ich mir selbst die Belohnung in Aussicht, denn wer will schließlich nur Aufgaben erledigen? Auf der rechten Seite des Blattes schreibe ich B-Aufgaben hin. Was sind B-Aufgaben? Das sind all die Tätigkeiten, die sehr nett wären, wenn diese auch erledigt werden, genießen aber keine Priorität. Genau darauf kommt es an. Unterscheiden Sie zwischen Kröten, (weitere Aufgaben, die zu erledigen sind) und B-Aufgaben. Die B-Aufgaben können Sie ausführen, falls alle anderen Punkte auf der linken Seite des Blattes bereits getätigt wurden.

Ein besonders nützlicher Effekt tritt ein, falls Sie feststellen, dass die B-Aufgaben gar nicht ins Gewicht fallen, wenn diese nicht erledigt wurden. Ich denke da an die vielen unnützen Meetings, Workshops und Besprechungen. Als ich feststellte, dass diese Termine derart viel Zeit von meinem Tag in Anspruch nahmen, stellte ich eine Regel auf: Ich bat darum, mich nur noch zu Terminen einzuladen, sofern ich einen Beitrag leisten kann oder ich nützliche Informationen erhalten würde, die einen spürbaren Effekt zu meiner Tätigkeit beitragen. Sie glauben gar nicht, wie wenig Termine wirklich über blieben.

Gut, es gibt immer noch ein paar Zeitpunkte, an den müssen Sie erscheinen, um nicht in Ungnade beim Chef zu fallen. Doch es gelang mir, mehr als die Hälfte dieser Zeit, die ich sonst in Meetings etc. vergeude, für Kröten und richtige Aufgaben frei zu schaufeln. Das Schöne daran ist, Sie haben nicht nur konkrete Ergebnisse produziert, sondern Sie fühlen sich bedeutend besser. Eben weil Sie wirklich etwas geschafft haben, anstelle die Zeit irgendwie „abzusitzen".

Vielleicht kennen Sie ja das Gefühl, dass Sie völlig erschöpft nach Hause kommen, obwohl Sie nicht wirklich etwas Wichtiges gemacht haben. Völlig lebendig fühlen Sie sich hingegen, wenn Sie richtig gefordert waren. Sie waren im Flow, Sie hatten so genannten positiven Stress. Was für ein Unterschied.

Macht hat, wer macht!

Zu guter Letzt noch ein wichtiger Hinweis. Bitte nehmen Sie sich nicht mehr als zwei bis drei Kröten täglich vor. Es kann auch nur eine sein. Die Kröten sind oft mit Anstrengung oder hoher Konzentration verbunden. Ich selbst kategorisiere unter Kröten alle Konzeptions- oder Recherchearbeiten, unangenehme Gespräche oder auch Trainingseinheiten (Sport).

Je nach Aufwand und Zeitbedarf nehme ich mir oft nur eine einzige pro Tag vor. Das reicht völlig. In Summe werden Sie deutlich mehr erreicht haben, als wenn Sie es zuerst mit den B-Aufgaben versuchen. Denn meist ist am Nachmittag die Luft raus und wir verschieben die wichtigen Dinge auf den nächsten Tag, und auf den nächsten Tag, und auf den...na Sie wissen schon.

Außerdem können Sie auch einen krötenfreien Tag in der Woche bestimmen. So zu sagen einen Joker, den Sie sich selbst vergeben können. Bei mir ist das der Samstag, an dem ich den Tag mit meinem Nachbarn mit einer schönen Tasse Kaffee beginne.

Fazit

Schritt 1:

Schreiben Sie Ihre täglichen Aufgaben auf und priorisieren Sie diese nach Kröten, Aufgaben und B-Aufgaben.

Schritt 2:

Beginnen Sie ausschließlich mit den Kröten, bis diese alle erledigt sind.

Schritt 3:

Genießen Sie entspannt den Rest des Tages mit deutlich leichteren Tätigkeiten.

Macht hat, wer macht!

Macht hat, wer macht!

Einfach mal anfangen...

Jetzt haben wir viele gute Ideen gesammelt. Sie haben geplant und sich Ziele gesteckt, die Zeit eingeteilt, sind realistisch an die Sache herangegangen und dann kommt der berühmte Schweinehund. Ach, das reicht doch alles erstmal bis hier her. Morgen ist auch noch ein Tag usw.

Ja, morgen ist auch noch ein Tag. Versuchen Sie sich in diesen morgigen Tag, die kommende Stunde oder den nächsten Monat zu denken. Wie werden Sie sich fühlen? Was werden Sie denken?

Entscheidend ist dabei, wie es wäre, wenn Sie sich aufgerafft hätten und wie, wenn nicht? Sie werden spüren, dass Sie auch enttäuscht sein könnten von sich selbst.

Ich selbst nutze diese Technik immer, wenn ich mich mal nicht so richtig zum Laufen aufraffen kann. Ich denke mich dann ein, zwei Stunden später hin und stelle mir vor, wie ich mich fühle, wenn ich nicht gelaufen bin. Dann bin ich unzufrieden mit mir. Dann kommen Gedanken wie *Ach hätte ich doch bloß* usw. Hingegen, wenn ich an den absolvierten Lauf denke, freue ich mich über das gute Körpergefühl, den klaren Kopf, den ich beim Laufen bekommen habe. Das macht so richtig Spaß.

Meist brauche ich gar nicht darüber nachzudenken. Einfach loslaufen, dann kommt der Rest von selbst. Das funktioniert auch prima mit Checklisten. Wenn Sie Ihren Plan gemacht haben, mit den Prioritäten, dann fangen Sie einfach an. Denken Sie nicht so viel nach. Oft kommt der Spaß bei der Tätigkeit und später freuen Sie sich darüber, dass Sie es gemacht haben. Ich habe ganz häufig morgens gedacht, dass ich es heute mal ausfallen lassen könnte, habe mich dann doch anders entschieden. Jedes Mal kam während des Handelns die nötige Kraft und Energie, um alles in Ruhe zu erledigen.

Sollten Sie sich trotz alle dem etwas demotiviert fühlen, dann senken Sie einfach die Geschwindigkeit und/ oder gönnen Sie sich zusätzliche kleine Pausen. Das macht die Sache auch noch interessanter bzw. versüßt Ihnen den Weg zum Ziel.

Fazit

Schritt 1:

Plan oder Liste machen (physisch oder auch geistig).

Schritt 2:

Einfach anfangen. Bei starkem Zweifel denken Sie sich in einen späteren Zeitpunkt hinein (Stunde, Tag, Woche, Monat, Jahre später).

Wie fühlen Sie sich dann? Was denken Sie dann?

Schritt 3:

Bei Bedarf Geschwindigkeit senken und/ oder zusätzliche Pausen einlegen. Lassen Sie Ihre Handlungen zur Routine werden.

Macht hat, wer macht!

In der Zeit, in der wir nachdenken, ob wir etwas tun soll-
ten oder nicht, könnten wir schon das eine oder andere
erledigt haben.

Macht hat, wer macht!

Wenn du es eilig hast, dann gehe langsam...

Plan, Ziele, Ausführung, Prioritäten – alles haben Sie gemacht und trotzdem kommen Sie aus dem Konzept? Es kamen mal wieder Dinge dazwischen, die nicht vorhersehbar waren oder es ging nicht in dem Tempo voran, wie Sie es sich vorgenommen haben? Eigentlich hätte das viel schneller gehen müssen?

Es ist schon komisch, wenn wir es besonders eilig haben, beispielsweise, wenn wir mit dem Auto unterwegs sind: Genau dann haben wir so eine *Schnarchnase* vor uns, die mit Tempo 60 über die Landstraße tingelt. Sind die anderen nun zu langsam oder sind wir zu schnell? Haben Sie mal in einer solchen Situation darauf geachtet?

Geschwindigkeit ist relativ. Bleiben wir für einen Moment bei dem Beispiel Autofahren. Wenn Sie durch eine 30-iger-Zone gefahren sind und danach wieder auf 50 km/h beschleunigen dürfen, kommt es Ihnen so vor, als würden Sie rasen. Sind Sie hingegen 130 km/h auf der Autobahn gefahren und müssen nun 80 km/h auf der Landstraße fahren, fühlt es sich an, als wenn wir stehen würden.

Was hilft uns diese Erkenntnis? Es sagt uns, dass Geschwindigkeit auch eine Art der jeweiligen Sichtweise ist. Viele Jahre habe ich mir Tag für Tag einen Berg von Aufgaben vorgenommen, auf eine Liste geschrieben, von denen ich dann am Tagesende nicht alles geschafft habe. So habe ich alle unerledigten Dinge auf den nächsten Tag übertragen und immer so weiter. Das Blöde daran war, dass ich nie das Gefühl hatte, wirklich etwas geschafft zu haben. Tatsache war aber, dass ich viel geschafft hatte. Meine eigene Sichtweise erlaubte es mir jedoch zu der Zeit nicht, das anzuerkennen. Schließlich hatte ich nach meinen Maßstäben das Ziel nicht vollumfänglich erreicht. Weniger zu machen kam für mich aber auch nicht in Frage. Was für ein Versagen. Dabei hatte ich bereits Tag für Tag den Beweis, dass es so nicht funktioniert. Wie ein Kleinkind, das mit der Aussage: „Ich will aber..." umherlief, hielt ich weiterhin daran fest, dass es doch irgendwann funktionieren müsse, wenn ich nur schneller machen würde.

Das versuchte ich dann auch und so passierte es, dass ich immer hektischer meine Aufgaben verrichtete und noch während ich das Eine tat, war ich gedanklich schon beim nächsten Schritt. Immer in Sorge, es nicht schaffen zu können. Was für ein Stress.

Irgendwann fiel mir auf, während ich morgens meine Aufgaben niederschrieb, dass ich bei immer wiederkehrenden Aufgaben die Erfahrung hatte, wie lange ich dafür brauchen würde. Ich hörte mehr auf mein Gefühl, das mir sagte, was genau in welcher Zeit zu schaffen war. Dabei ergab sich natürlich eine deutlich kürzere Liste. Der Verstand forderte natürlich sofort sein Recht ein und meldete sich zu Wort: „Das muss aber zu schaffen sein." Das Gefühl antwortete jedoch liebevoll: „Das haben wir ja nun oft versucht, jetzt lass es uns mal anders versuchen."

Sie wissen, wie es ausging. Die Aufgaben waren jetzt nicht nur in Ruhe zu erledigen, auch die Ergebnisse wurden besser und die Hektik mit Blick auf das jeweils Folgende, blieb aus.

Wenn du es eilig hast, dann gehe langsam.

Als ich diesen Satz zum ersten Mal las, verstand ich nicht gleich, was gemeint war. Heute jedoch ist er mir eine immerwährende Mahnung, wenn ich es mal wieder zu schnell angehen will.

Eine besonders gute Übung erhielt ich, als ich mich an einem Holzmodell versuchte. Ich hatte schon viele Modelle in meinem Leben gebaut. Angefangen als Jugendlicher mit den üblichen Plastikmodellen und Eisenbahnanlagen, dann folgten aufwendige Schiffsmodelle aus Papier. Das Interesse verblasste mit der Zeit, bis ich bei dem Besuch eines Kollegen sah, wie dieser mit einem Holzschiff beschäftigt war.

Fasziniert kaufte ich mir auch sofort alles Notwendige und damit fing der Stress an. Mit Holz hatte ich überhaupt keine Erfahrung.

Ein Schiffskörper ist ja nun mal nicht kantig, sondern schön geschwungen geformt. Um Holz zu biegen, muss dieses über Wasserdampf erwärmt und angepasst werden. Die ersten Leisten brachen beim Versuch, diese am Rumpf anzubringen. Wenn ich endlich mal eine Seite befestigen konnte und es auf der anderen Seite ebenfalls versuchte, die Leiste anzubringen, sprangen diese am anderen Ende wieder ab. Es war zum Aus-der-Haut-Fahren. Ich wurde wütend und ließ es bleiben.

Doch dann überwand ich den berühmten Schweinehund und ich versuchte es erneut. Ich verringerte einfach mein Pensum und das in deutlichen Schritten:

Der ursprüngliche Plan sah folgendes Tempo vor:

Fertigstellung des gesamten Schiffsrumpfes in zwei bis drei Tagen.

Nach dem ersten Fehlschlag: fünf bis sechs Leisten pro Tag.
Danach drei bis vier Leisten pro Tag.
Danach ein bis zwei Leisten pro Tag.

Insgesamt habe ich für das Schiff über ein Jahr gebraucht, um es fertig zu bauen. Ich habe mich selbst beobachtet, wie ich mit den geplanten Schritten immer weiter runter gegangen bin. Ich habe mir Zeit genommen. Ich habe langsam gemacht, ich war bei der Sache.

Fazit

Schritt 1:

Stellen Sie fest, warum Sie Ihre vorgenommen Ziele nicht erreichen können.

Schritt 2:

Prüfen Sie, ob Sie Punkte entfallen lassen können oder zu einem anderen Zeitpunkt erledigen können.

Schritt 3:

Führen Sie Ihre Tätigkeit in Ruhe und Sorgfalt aus. Bleiben Sie auch gedanklich bei dem, was Sie gerade tun. Ihre Ergebnisse werden deutlich besser sein.

3. Was konkret kann ich jetzt tun?

Denken überprüfen

Jetzt haben Sie schon etwas über unsere eigenen Zweifel und Bedenken gelesen, haben sich mit einer guten und professionellen Zielplanung beschäftigt. Nun kommen wir zu einem weiteren wichtigen Schritt, damit es in Ihrem Leben so richtig los gehen kann. Es geht dabei um Sie selbst:

Lassen Sie uns herausfinden, was dazu führt, dass wir uns manchmal so richtig wohlfühlen in unserer Haut und warum das zu einem anderen Zeitpunkt eben nicht so gut gelingt. Sobald Sie die Kenntnis darüber erlangen, wie das zustande kommt, dann können Sie es auch steuern. Sie übernehmen das Ruder.

Das erste Geheimnis für sichtliche Verbesserung unseres eigenen Wohlbefindens ist, dass wir lernen müssen, unser eigenes Denken zu überprüfen. Was im ersten Moment so leicht klingt, ist doch am Anfang so schwer – sofern man darin noch nicht geübt ist. Ich sage ausdrücklich: noch nicht.

Hierzu ein einfaches Beispiel: Uns ist allen schon mal ein Missgeschick passiert. Sei es, dass wir eine Vase (oder Glas) versehentlich umgestoßen haben (und sie in tausend Teile zersprungen ist) oder wir unsere Schlüssel verlegt haben, (wo wir so in Eile gewesen sind und gefürchtet haben, jetzt zu spät zu unserem Termin zu kommen).

In solchen Situationen kommt es oft dazu, dass wir uns selbst beschimpfen: *Ich Idiot, warum kannst du auch nicht besser aufpassen? Hättest du bessere Ordnung gehalten, dann wüsstest du jetzt, wo deine Sachen liegen* usw. Kommt Ihnen die eine oder andere Aussage bekannt vor? Gut, das ist der Anfang davon, wie Sie sich selbst auf die Schliche kommen können.

Achten Sie auf Ihre Gedanken. In unserem Beispiel haben Sie vielleicht laut gesprochen und es kann Ihnen relativ schnell auffallen, was Sie da zu sich selbst sagen. Mindestens genauso oft (wenn nicht öfter) beschimpfen und verurteilen wir uns ganz unbewusst in vielen anderen Situationen. Sei es, dass ein Kollege etwas zu Ihnen gesagt hat oder der Partner seine Unzufriedenheit über unser Tun geäußert hat. Ruck Zuck sind wir in der eigenen Verurteilung und demütigen uns selbst. Wir erzählen uns schön, wie schlecht wir doch sind und dass wir es gar nicht anders verdient hätten.

Erkennen Sie Ihre eigenen Verurteilungen und machen Sie sich bewusst, was Sie zu sich selbst sagen (ob nur gedacht oder laut ausgesprochen).

Wie gehen Sie jetzt damit um, wenn Sie diese Verurteilungen bemerken?

Sobald Sie sich selbst auf die Schliche kommen, dass Sie damit anfangen, sich zu verurteilen, stoppen Sie sich selbst. Halten Sie inne, wenn möglich auch mit Ihrer momentanen Tätigkeit (zumindest, solange Sie noch ungeübt sind). Später, wenn Sie diese Übung häufiger ausführen, wird es Ihnen leichter fallen und Sie werden mit der Zeit immer achtsamer mit sich selbst sein.

Doch zunächst nehmen Sie bewusst wahr, wann solche Gedanken zu Ihnen kommen. Wenn Sie Autofahren, fahren Sie wenn möglich rechts ran. Sagen Sie zu sich selbst laut: „Stopp, das stimmt so nicht. Dieser Gedanke ist nicht richtig."

Es geht an dieser Stelle darum, den ständigen Fluss Ihrer eigenen Verurteilungen aufzuhalten. Stellen Sie sich vor, wie Sie ein Glas Rotwein verschütten. Augenblicklich würden Sie aufspringen und mit Tüchern verhindern, dass der Rotwein vom Tisch auf die Sitze läuft und weitere Möbelstücke beschädigt. Das Gleiche gilt für Ihre Gedanken, halten Sie den Fluss auf, damit Ihre Gedanken nicht weitere Teile in Ihrem Inneren beschädigen.

Gehen Sie liebevoll mit sich und Ihren Gedanken um. Wenn es Ihnen gelungen ist, die bis hierher negativen Gedanken zu stoppen, haben Sie Platz für neue schöne Gedanken. *Was soll ich denn jetzt denken*, fragen Sie vielleicht? Ein einfacher Start ist es, wenn Sie an Situationen in Ihrem Leben denken, wo Ihnen etwas sehr gut gelungen ist.

Macht hat, wer macht!

Noch besser Sie schreiben sich diese Gedanken bzw. Tatsachen auf. Sie werden feststellen, dass Sie sehr viel Gutes schon geleistet haben. Das ist der Beginn davon, sich neu zu programmieren. Dadurch, dass Sie bislang in der Verurteilung gedacht haben, war kein oder weniger Platz für die guten Erinnerungen.

Da Sie Ihre geistige Festplatte in dieser Hinsicht formatiert haben, kann nun die Veränderung beginnen. Erinnern Sie sich auch an freundliche Aussagen über Sie, die andere Menschen gemacht haben. Das kann der Dank sein für einen Dienst, den Sie jemandem erwiesen haben. Ein Lob für eine gute Arbeit oder einfach nur die Umarmung eines anderen Menschen, weil der Sie eben mag, so wie Sie sind. Bitte schreiben Sie alle diese Dinge auf. Sie werden feststellen, dass hier eine ganze Menge zusammen kommt. Sie können diese Liste auch jederzeit ergänzen. Führen Sie sich vor Augen, was Sie für ein toller Mensch sind.

Natürlich kann es am Anfang immer noch dazu kommen, dass Sie trotz alle dem wieder in Ihre alten Muster verfallen, aber es ist wie beim Sport. Wenn Sie eine neue Sportart versuchen, wird es am Anfang holperig sein und es fällt Ihnen vielleicht schwer, sich auf die Abläufe zu konzentrieren.

Doch nach und nach kommt Routine in die Sache. Ehe Sie sich versehen, werden Sie Ihr ganzes Denken erneuert haben. Sobald jetzt eine neue Situation auftaucht, in der Sie sich früher abgeurteilt hätten, stoppen Sie den ganzen Vorgang und erfreuen sich daran, welch ein toller Mensch Sie sind. Das wird Ihre Umwelt auch bemerken und positiv auf Sie reagieren.

Macht hat, wer macht!

Fazit

Schritt 1:

Achten Sie auf Ihre verurteilenden Gedanken. Beginnen Sie damit, sich selbst zu zuhören.

Schritt 2:

Stoppen Sie diese Gedanken. Sagen Sie ganz klar: „Das stimmt so nicht."

Schritt 3:

Nutzen Sie den neu gewonnenen Raum für positive Gedanken über sich. Erinnern Sie sich an Ihre bisherigen Erfolge.

Wir bestimmen selbst, was wir denken wollen – besonders über uns selbst!

Macht hat, wer macht!

Muster aufdecken

Zwei gute Freundinnen von mir treffen sich regelmäßig. Sie sind einander sehr vertraut und sprechen über alles, was Sie bewegt. Die eine Freundin ist seit vielen Jahren verheiratet mit einem liebevollen Mann, hat zwei Kinder, ist beruflich sehr erfolgreich, hat ein schönes Haus und lebt ihr Familienleben mit Urlaub, Kindergeburtstagen, Sportveranstaltungen, Theaterbesuchen – eben ein Familienleben wie im Märchen. Die andere Freundin lebt hingegen eine Partnerschaft nach der anderen aus. Glücklich ist Sie dabei nicht. Im Grunde wünscht Sie sich auch ein beständiges Eheglück, so wie ihre Freundin. Aber irgendwie kommt es immer dazu, dass sie die Partner nach einer Weile verlassen.

Da hat es sich schon fast zum traurigen Ritual entwickelt, dass der Mädelsabend dann erstmal mit einer Arie von wüsten Beschimpfungen auf die Männerwelt genutzt wird. Wie schrecklich und gemein die Männer doch sind, dass diese Machos sie gar nicht verdient haben, wo sie doch eine so einfühlsame, verständnisvolle und fürsorgliche Frau ist.

Sie ahnen sicherlich, wohin die Reise geht. Es gibt auch Beispiele, in denen die Frau immer und immer wieder betrogen wird. Auch uns Männern widerfahren diese oder ähnliche Schicksale. Das schmerzt natürlich und jeder kann es verstehen, dass im ersten Moment eine Wut in der betroffenen Person aufkommt, die natürlich danach verlangt, sich Luft zu verschaffen (egal ob Frau oder Mann).

Doch nun zum Lösungsansatz: Spätestens, wenn sich eine Situation im Leben ein drittes Mal wiederholt, können wir dahinter (wenn wir dazu bereit sind) ein Muster erkennen. Das verlangt nach Selbstbetrachtung. Was heißt das? Ich muss mich ganz und gar der Möglichkeit öffnen, dass es etwas mit mir selbst zu tun hat, dass diese Dinge mir immer wieder im Leben passieren.

Wie bitte, denkt es jetzt in Ihnen? Dieser Ar... hat mich betrogen und verlassen und jetzt soll ich noch schuld sein? Von Schuld ist hier nicht die Rede. Es geht darum, dass Sie die Konstante der einzelnen Situationen erkennen.

Bleiben wir bei unserem Beispiel, dass jemand dreimal oder noch mehr von einem Partner verlassen wurde. Immer und immer wieder. Die Gefühle der Enttäuschung kehren mit der gleichen Regelmäßigkeit zurück, wie dieser Umstand eintritt. Diese schmerzenden Gefühle wollen wir natürlich nicht mehr ertragen müssen. Deswegen ist es für Sie so wichtig zu erkennen, dass der einzige Mensch, der daran etwas ändern kann, Sie selbst sind.

Solange Sie bei dem anderen *herumdoktern* und denken, *er hätte dieses nicht, er hätte jenes nicht tun sollen*, werden Sie die gleiche Situation wieder und wieder erleben bzw. durchleben, bis Sie erkennen, dass es etwas mit Ihnen selbst zu tun hat. Also öffnen Sie sich diesem Gedanken, dass Sie die Macht haben, etwas zu ändern. Sie müssen sich <u>nicht</u> weiter davon abhängig machen, dass andere sich doch bitte so verhalten, wie Sie es gerne hätten. Damit würden Sie in der Ohnmacht und Abhängigkeit bleiben.

Die ehemaligen Partner werden sich wohl kaum untereinander kennen. Sie verhalten sich aber immer nach dem gleichen Muster Ihnen gegenüber. Das zeigt Ihnen auf, dass Sie selbst nur die einzige Konstante in diesem Spiel sind. Wenn Sie bereit sind, hier hin zu schauen und die Verantwortung dafür zu übernehmen, erwartet Sie eine ganz neue Welt. Sie haben die Macht, die Dinge so zu ändern, wie Sie es sich wünschen. (Ohne dass Sie von jemand anderem abhängig sind!)

Das Akzeptieren der eigenen Verantwortung für die stetigen Wiederholungen ist der erste unverzichtbare Schritt zur Veränderung. Die besondere Herausforderung besteht darin zu vertrauen, dass sich die Lösung erst später zeigen wird. Das kann Wochen, Monate und in manchen Fällen auch Jahre dauern. Sind Sie bereit dazu? Es ist erstmal ein Gang ins Ungewisse, da Sie etwas verändern sollen, ohne zu wissen, was danach kommt. Doch wenn Sie es leid sind, immer und immer wieder eine bestimmte Situation erleiden und erdulden zu müssen, dann gibt es nur diesen einen Weg.

In unserem Beispiel mit der Frau, die immer wieder von den Partnern verlassen wurde, kam auch der Zeitpunkt, an dem es ihr regelrecht zu viel wurde. Sie hatte so die Nase voll davon, dass sie sich selbst fragte, was es mit ihr zu tun hatte, dass es zu dem ewigen Verlassen kam. Das war schon mal die Akzeptanz, dass sie selbst die Ursache dafür war.

Sie kam auch schließlich mit professioneller Hilfe darauf: Immer, wenn sie eine neue Beziehung einging, veränderte sie ihr bisherigen Verhaltensweisen. Sie versuchte, es dem Partner so sehr recht zu machen, dass Sie sich selbst verbog, damit dieser sich hoffentlich mit ihr wohlfühlen würden und sie nicht verließ.

Obwohl es sich für den jeweiligen Partner erstmal toll anhört, wenn sich alles um ihn dreht. So merkten die betreffenden Personen doch, dass ihre Partnerin nicht authentisch ist. Es wurde schlicht langweilig. Sie ließ sich von Anfang an, von der Angst treiben, evtl. wieder verlassen zu werden. Somit handelte sie genau falsch herum. So kam es leider immer wieder dazu, dass die Beziehung nach einer gewissen Zeit beendet wurde. Sie hätte nur bei sich bleiben müssen. Somit hätte sie mehr Freude an ihren eigenen Interessen, weniger Stress und möglicherweise eine entspannte Beziehung erfahren.

Diese Erkenntnis führte nicht nur dazu, dass sie ihr Verhalten geändert hat, sondern sie führte mittlerweile zu einer Partnerschaft, von der sie vorher nur geträumt hat. Dabei lebt sie auch besser, weil sie sich nicht mehr verbiegt (weder für den Partner, noch für andere Menschen). Doch alles begann damit, dass sie selbst ihr Handeln und Denken in Frage gestellt hat.

Fazit

Schritt 1:

Beobachten Sie Ihr Leben und finden Sie heraus, was sich immer wiederholt und Ihnen nicht gefällt.

Schritt 2:

Stellen Sie sich der Tatsache, dass es etwas mit Ihnen selbst zu tun hat, warum sich diese Situationen wiederholen. Haben Sie Vertrauen, dass sich der Grund dafür zeigen wird. Akzeptieren, dass Sie selbst die Ursache sind.

Schritt 3:

Übernehmen Sie die Verantwortung für das bisherige Verhalten. Vertrauen Sie in Ihre eigene Macht, um ab sofort so zu handeln, dass es Ihnen gut tut.

Wiederholungen zeigen uns auf, dass wir etwas Bestimmtes noch nicht gelernt oder verstanden haben!

Zutrauen entwickeln

Wenn ein Satz damit anfängt, dass „man" etwas nach einer bestimmten Art und Weise macht, dann sollten wir hellhörig werden. Alle Verallgemeinerungen dieser Art sind nicht nur unpersönlich, sondern auch in keiner Weise überprüft, ob diese Gedanken wahr sind. In den meisten Fällen haben wir diese Gedanken einfach nur übernommen von unseren Eltern und Großeltern. Wer ist *man*? Sind Sie das? Warum tut *man* das nicht? Was passiert, wenn ich es doch tue? Soweit kommen viele Menschen von uns erst gar nicht. Wir übernehmen Gedanken und Handlungen einfach so und geben diese schließlich auch an die nächste Generation weiter.

Was steckt nun genau dahinter? Wir verhalten uns so nach diesen Regeln, weil wir uns insgeheim davon versprechen, dass wir belohnt werden. Wenn ich mich schön an das halte, was *man* mir gesagt, bzw. anerzogen hat, dann bin ich richtig – dann ecke ich nicht an. Das heißt, in Wahrheit geht es um Sicherheit, die Sicherheit von den anderen gemocht oder geliebt zu werden. Wir alle lechzen nach Aufmerksamkeit und Bestätigung, also tun wir ganz automatisch das, von dem wir glauben, dass *man* das so macht. Die ungeprüften Glaubenssätze sind die Grundlage dafür.

Aber was wollen <u>Sie</u> wirklich?

Wir sind alle als Originale geboren; schade, dass so viele Menschen als Kopie eines anderen leben.

Wollen Sie nicht auch Ihr eigenes, unverwechselbares Original sein? Sicher kennen Sie auch Menschen, die sich wenig daraus machen, was andere von ihnen sagen, sondern die einfach ihr Ding machen. Diese Menschen haben gelernt, auf ihre eigene Stimme zu hören, auf das, was ihnen selbst gut gefällt und dann machen sie das einfach. Damit fallen sie natürlich aus dem braven und angepassten

Macht hat, wer macht!   63

Muster heraus und stoßen auch nicht unbedingt auf Gegenliebe. Wie verhält sich das jetzt mit dem Wunsch nach Anerkennung und Aufmerksamkeit? Nun, die Menschen, die meist mit diesem neuen Verhalten nicht einverstanden sind, das sind oft Leute, die sich gerne als Moralapostel versuchen und genau wissen, was andere zu tun und zu lassen haben. Ist Ihnen das wirklich wichtig, die Zuneigung von diesen Menschen zu erhalten?

Sie werden mit Ihrem neuen Verhalten eher die Menschen anziehen, die das ebenso sehen wie Sie auch und auch so handeln. Diese Menschen haben auch ihren eigenen Weg gefunden. Sie sind ganz in sich selbst ruhend. Diese Menschen werden Ihren Weg genau so respektieren wie den eigenen, den sie jeweils für sich selbst gefunden haben. Was für eine Freiheit. Freiheit im Denken und Handeln.

Ich kann Ihnen aus eigener Erfahrung sagen, wie schön sich das anfühlt. Alles andere ist der pure Stress. Ich habe einfach beschlossen, weniger auf das zu hören, was die Allgemeinheit meint, was gut oder schlecht sein soll. Ich habe eine eigene Meinung und die vertrete ich auch. Also seien Sie mutig. Hören Sie auf Ihre eigene Stimme, die Ihnen sagen möchte, was Ihnen wirklich gut tut.

Fazit

Schritt 1:

Achten Sie auf Gedanken, Worte und Handlungen, die „man" *tut, macht, denkt soundso* beinhalten.

Schritt 2:

Überprüfen Sie diese Glaubenssätze, ob diese Ihrer eigenen Überzeugung und Wahrheit entsprechen.

Schritt 3:

Erlauben Sie sich selbst, neu zu denken und zu handeln. Seien Sie sich selbst der beste Freund/ Freundin und sagen Sie „Ja!" zu Ihren eigenen Vorstellungen und Werten. Sie werden Menschen anziehen, die genauso denken und handeln.

Schritt 4:

Genießen Sie Ihre neue Freiheit.

Verantwortung übernehmen

Erst, wenn der Chef sein Führungsverhalten ändert...

Erst, wenn mein Partner mich endlich versteht...

Erst, wenn meine Eltern mich nicht mehr nerven...

Erst, wenn die Wirtschaftslage besser wird...

Erst, wenn – ja wenn. Wenn..., dann, aber auch nur dann kann ich endlich das machen, was ich schon immer tun wollte. Oh wie schade, Sie werden warten bis... ja bis ewig.

Selbst wenn einer der von Ihnen gewünschten Ereignisse eintrifft, gibt es noch hundert andere Themen, die Sie von Ihrer eigenen Handlungsfähigkeit abhalten. Es sind immer die anderen, die Schuld haben, dass ich hier so in der Warteposition verharren muss. Schrecklich.

Jetzt die gute Nachricht:

Es gibt ein Mittel dagegen. Dieses Mittel heißt: Verantwortung übernehmen. Übernehmen Sie die Verantwortung und handeln Sie!

Oh, ich weiß, jetzt kommt sicherlich der eine oder andere Gedanke folgender Art auf: *Ja aber, der andere hat mich so sehr verletzt, der muss sich erstmal entschuldigen. Dann kann ich auch...*

Ja aber, wie soll ich als kleiner Angestellter hier etwas ausrichten? Da muss erstmal die Chefetage etwas ändern, bevor ich was tun kann.

Merken Sie etwas? Schon wieder die Begründung dafür, dass erst andere etwas tun müssen, bevor Sie selbst handeln können.

Macht hat, wer macht!

Also, sobald in Ihrem Inneren der Satz anfängt mit: *Ja, aber...,* wissen Sie, dass Sie gerade dabei sind, die Verantwortung für Ihre eigene Handlungsmacht zu verweigern.

Fazit

Schritt 1:

Erkennen Sie, ob Sie auf der Suche nach Ausflüchten und Ausreden oder Lösungen sind.

Schritt 2:

Entscheiden Sie, ob Sie etwas ändern wollen. Falls nicht, dann belassen Sie es dabei.

Schritt 3:

Wenn Sie sich entschieden haben, wirklich etwas zu verändern, eine Lösung zu finden, dann sind Sie auf einem guten Weg. Das allein ist ausschlaggebend für Ihren weiteren Erfolg.

Sie müssen es sich nicht nur wünschen,

Sie müssen es wirklich wollen!

Erste Schritte der bewussten Veränderung

Wie kann das praktisch aussehen, was Sie im vorigen Kapitel gelesen haben? Nehmen wir das Beispiel mit dem Chef. Viele Mitarbeiter eines Unternehmens fühlen sich ohnmächtig, etwas zu tun, weil die Geschäftsprozesse es fest vorschreiben. Nun sind Sie aber an der Basis. Beispielsweise direkt im Kontakt mit dem Kunden. Wer, wenn nicht Sie, kann die Lage besser beurteilen?

Beispielsweise hat ein Kunde eine Beschwerde über ein mangelhaftes Produkt. Sein Anliegen wird von Abteilung zu Abteilung weitergereicht. Damit geht eine gewisse Zeitverzögerung einher, die den Kunden zusehend ungeduldig werden lässt. Jetzt ist er nicht nur enttäuscht vom Produkt, sondern auch noch von Ihrem extrem schlechten Kundenservice.

Nun kommen Sie mit diesem Kunden in Kontakt.

Noch während der Kunde Ihnen in aller Ausführlichkeit sein Problem schildert, denken Sie daran, wie Sie wohl dem Kunden klar machen können, dass er hier an der völlig falschen Adresse ist. Sie sind nicht zuständig, dafür ist die Abteilung xy verantwortlich. Eigentlich verstehen Sie den Kunden, aber Sie können halt nichts machen, denken Sie. STOPP.

Genau davon haben wir vorhin gesprochen. Ja, ich verstehe Sie, dass Sie eigentlich nicht zuständig sind. Haben Sie sich entschieden, eine Ausrede oder eine Lösung zu schaffen? Eine Lösung wollen Sie? Super, dann los. Was können Sie für Ihren Kunden konkret tun?

Nicht zuständig sein ist ein Zustand.

Das will der Kunde nicht wissen!

Eine mögliche Lösung könnte sein, dass Sie sich der Sache annehmen und für den Kunden den Kontakt mit der richtigen Abteilung suchen. Sie tragen den Fall an die richtige Abteilung heran und vergewissern sich, dass das Problem des Kunden gelöst wurde. Das wäre eine gute Lösung.

Der Kunde wird erkennen, dass Sie sich um ihn bemühen, obwohl Sie nicht selbst das Problem beheben können. Doch Ihr Engagement und Ihr echtes Interesse führen zum Vertrauen des Kunden (oder wieder zum Vertrauen, falls er es zwischenzeitlich verloren hatte).

Echter Kundenservice ist, wenn der Kunde wiederkommt und nicht das Produkt.

Zweites Beispiel: Mein Partner muss sich entschuldigen.

Sie sind voller Zorn und Wut. Sie wollen und können nicht auf den anderen zugehen ohne eine entsprechende Entschuldigung. Das wäre ja auch noch schöner. Schließlich hat der andere mich doch beleidigt oder wieder mal vergessen, mich zu fragen, wie es mir geht.

Was auch immer der Stein des Anstoßes war, solange Sie darauf warten, dass der andere auf Sie zukommt, werden Sie vermutlich auch noch weiter warten bis zum Sankt Nimmerleinstag.

Wie weit werden Sie kommen, wenn Sie wieder eine Wartehaltung einnehmen? Evtl. sieht der Partner das auch völlig anders? Sie werden es nur erfahren können, wenn Sie das Gespräch suchen. Je eher desto besser. Das heißt nicht, dass die eventuelle Entschuldigung für die Beleidigung oder Ähnliches entfällt.

Zunächst geht es nur darum, auf den anderen zu zugehen, damit die Möglichkeit der Kontaktaufnahme hergestellt wird.

Das könnte wie folgt aussehen:

Ich habe mich sehr über das, was du gesagt oder getan bzw. nicht getan hast, geärgert. Das hat mich verletzt und ich bin traurig darüber, dass diese Kluft zwischen uns steht. Ich möchte gerne mit dir darüber reden und es aus der Welt schaffen. (Oft kommt dann eine Entschuldigung ganz von selbst.)

Macht hat, wer macht!   69

Der feine und entscheidende Unterschied ist, dass Sie ausschließlich von sich reden, wie Sie sich fühlen. Außerdem unterlassen Sie jeglichen Vorwurf oder Angriff.

Fazit

Schritt 1:

Ich spreche von mir – was mich bewegt. (Nicht und auf gar keinen Fall, was der andere getan oder eben auch nicht getan hat.)

Schritt 2:

Ich spreche ausschließlich von dem, was wirklich geschehen ist. (Keine Vermutungen, beispielsweise: „Du hast den Müll bestimmt mit Absicht nicht raus getragen, damit ich mich ärgere.")

Schritt 3:

Ich spreche aus, was ich mir wünsche.

Dieses Vorgehen verhindert den typischen Angriff: „Du hast das und das getan..." Dann folgt in der Regel: „Aber du hast auch..." Es kommt zu einer Rechtfertigung, nicht zum Dialog.

Besser: „Ich wünsche mir, dass wir uns vertragen und einen schönen Abend zusammen haben."

Macht hat, wer macht!

Miteinander reden bedeutet uns einander annähern!

Macht hat, wer macht!

Entscheide dich oder du wirst entschieden...

Wer kennt das nicht, diese ewigen Abwägungen und Gedanken: „Soll ich, soll ich nicht? Was ist, wenn ich mich dafür entscheide, dann könnte dieses oder jenes passieren?"

Diese und andere inneren Gespräche führen wir regelmäßig. Oft mehrmals am Tag, ohne dass wir uns dessen so richtig bewusst sind. Aber was hat es auf sich mit diesen unklaren Gedanken?

Stellen Sie sich vor, Sie beschäftigen sich schon seit Längerem mit dem Gedanken, sich beruflich zu verändern oder Ihre Beziehung zu beenden. In beiden Situationen geht es Ihnen nicht ganz gut, aber auch nicht ganz schlecht. Gerade so, dass es ok ist. Manchmal sprechen Sie sogar mit einer vertrauten Person über Ihre innere Unruhe. „Soll ich, soll ich nicht?" Wie genau sieht der Gedanke hinter diesem ersten Satz aus? Wenn wir weiter denken, stoßen wir schnell auf die Bedenken, also mit anderen Worten, die Folgen, die mit einer Entscheidung unweigerlich einhergehen. Das Wort, auf das es hierbei ankommt heißt: Konsequenz.

Konsequent sein bedeutet, eine Entscheidung klar und frei getroffen zu haben und den darauf folgenden Ereignissen geradewegs ins Auge zu sehen.

Was uns daran hindert, ist die Tatsache, dass wir so ungern die andere Seite der Medaille akzeptieren können. Wir wollen die positive Veränderung, aber am liebsten ohne irgendwelche Einbußen.

* Konkret bedeutet das, wir wollen den neuen Job, aber eigentlich wollen wir nicht wieder der *Neue* sein.
* Wir wollen mehr Gehalt, aber bloß nicht mehr Verantwortung oder gar mehr Stunden arbeiten.
* Wir wollen die Beziehung beenden, aber dann wären wir ja erstmal allein.
* Wir wollen abnehmen, aber dann müssten wir ja Sport machen oder auf die Leckereien verzichten.

Das ist die berühmte Komfortzone, in der wir es uns so gemütlich gemacht haben.

Mein Vater sagte schon so oft, dass ich es gar nicht mehr hören wollte: *Vor dem Erfolg hat der liebe Gott den Schweiß gesetzt.* Was ich damals nicht mehr hören konnte, ist mir jetzt mehr denn je in Erinnerung geblieben.

Also bevor wir eine nachhaltige Veränderung erreichen, müssen wir uns selbst ein paar Fragen ehrlich beantworten:

- **Was wollen wir genau?**

- **Wollen wir es wirklich?**

- **Was sind die Folgen, die mit dieser Entscheidung einhergehen? Bin ich bereit, diese zu tragen?**

Entscheiden Sie sich dafür und seien Sie konsequent in jedem Punkt.

Entscheiden Sie sich dagegen, dann hören Sie auf, davon zu reden, wie schön es wäre, wenn…

Ergebnisse lassen sich nur mit Taten erzielen!

In manchen Fällen kommt eine Situation von außen, die Ihre Entscheidung erforderlich macht. Beispielsweise eine Umstrukturierung. Jetzt haben Sie die Wahl, ob Sie warten, bis man Ihnen einen neuen Job anbietet oder ob Sie selbst aktiv werden. Raten Sie mal, bei welcher Entscheidung Sie die bessere Beschäftigung bekommen.

Warten Sie nicht zu lange mit der Entscheidung, sonst entscheidet jemand anderes für Sie. Das soll Ihnen kein Druck machen. Es soll Sie lediglich darauf aufmerksam machen, dass es erfolgreicher für Sie ist, wenn Sie selbst in die Verantwortung treten und eine Entscheidung fällen. Das ist Ihre eigene Macht. Wenn jemand anderes für Sie entscheidet, sind Sie ohnmächtig. Ihre Entscheidung...

Macht hat, wer macht!

Zu guter Letzt die Frage, was eigentlich passiert, wenn sich im Nachgang herausstellt, dass es die falsche Entscheidung war. Dann stelle ich zunächst die Gegenfrage: Wer entscheidet, ob es eine falsche Entscheidung war? Richtig, das sind Sie. Es kann sein, dass Sie sich das Ergebnis anders vorgestellt haben und nun enttäuscht sind. Es packt Sie die Reue und erste Gedanken wie: *Das habe ich doch gleich gesagt...Hätte ich bloß nicht*, usw. Das sind die Erfahrungen, die wir auf den Berg mit den anderen Erfahrungen packen und uns immer wieder Angst machen wollen, wenn wieder eine Entscheidung ansteht.

Bitte denken Sie einmal daran, als Sie als Kind Fahrrad fahren gelernt haben. Konnten Sie das gleich? Sind Sie nicht auch mal hingefallen? Hat es nicht fürchterlich weh getan und vielleicht haben Sie auch geweint? Haben Sie dann aufgegeben? Ich bin sicher, Sie können auch heute noch Rad fahren und nur deswegen, weil Sie weitergemacht haben. Wir haben uns entschieden. Nur als Kind haben wir nicht so viel nachgedacht. Wir hatten das Ziel im Auge und los ging es.

Manchmal ist es besser, bei aller Sorgfalt, weniger über das *Für und Wider* nachzudenken, sondern einfach mal zu machen.

Vielleicht haben Sie eine ähnliche Erfahrung im Schwimmbad gemacht. Wenn Sie das erste Mal vom Fünf-Meter-Turm gesprungen sind, dann sind Sie als Kind hoch, haben nochmal kurz überlegt und dann los.

Als Rettungsschwimmer habe ich auch für Erwachsene Schwimmkurse gegeben. Beim Turmspringen habe ich oft Wochen gebraucht, bis eine erwachsene Person sich das erste Mal getraut hat, von dem Turm zu springen. Die Erwachsenen denken oft zu viel nach.

Machen Sie es wie ein Kind. Denken Sie nicht so viel nach. Seien Sie ein wenig mutig und stehen Sie auf, so wie Sie jeden Morgen aufstehen. Da denken Sie auch nicht so viel nach. Denn es wird Ihnen wohl keiner das Gehalt überweisen, wenn Sie einfach nur im Bett liegen bleiben. Entscheiden Sie sich jetzt...

Macht hat, wer macht!

Viele Menschen bereuen eher, etwas nicht getan zu haben!

Macht hat, wer macht!

Gefühl vs. Verstand

Vielleicht haben Sie es schon vermisst. Jetzt schreibt der die ganze Zeit, wie man was machen kann. Wie man Ziele definiert und konsequent sein kann. Das mag dem einen oder anderen etwas zu kopflastig sein oder mit anderen Worten zu kontrolliert. Ja, Sie haben Recht. Es hat natürlich etwas mit Kontrolle zu tun. Umso wichtiger ist es, auch die andere Seite zu betrachten: das Gefühl. Sicherlich kennen Sie den Ausdruck: *Sich auf sein Gefühl verlassen*.

Doch Obacht, das Eine geht nicht ohne das Andere. Das ist die Quintessenz. Anders gesagt: eine Medaille hat immer zwei Seiten. Oft gehören zwei Dinge zusammen, so wie der Tag und die Nacht.

Doch nun zum Praktischen. Was konkret bedeutet das? Sie haben bis hier gelernt, wie sehr Sie auf Ihren Verstand achten, um die Dinge in den Griff zu bekommen. Bestes Beispiel dafür sind oft Entscheidungen, die wir beim Einkauf tätigen. Die Vernunft sagt uns, etwas Bestimmtes zu kaufen oder auch nicht. Eben weil es wirtschaftlich ist, dieses spezielle Produkt zu erwerben, das keinen unnötigen Schnickschnack hat.

Umgekehrt gilt das natürlich auch für Dinge, bei denen Ihnen Ihr Kopf sagt, dass Sie es besser lassen sollen. Das Produkt macht jetzt keinen Sinn, es wäre eine unnötige Geldausgabe. Sie wollten sowieso gerade etwas sparen. Kennen Sie das? Ja bestimmt, jeder hat das ein oder andere Mal derartige kleine Gefechte in seinem Kopf ausgekämpft.

Was haben wir stattdessen oft getan? Wir haben es gegen jeden Verstand trotzdem gemacht. Wie haben Sie sich dabei gefühlt? Also ehrlich, ich fühle mich (verzeihen Sie) dann saumäßig wohl.

Beispielsweise habe ich beim Kauf einer Markise auch auf den Preis geachtet. Ich wollte zuerst nicht so viel Geld ausgeben. Zunächst habe ich im Internet geschaut. Dann erschien es mir doch unsicher, denn was ist mit der Montage usw.? Hier hörte ich schon das erste

Mal auf mein Gefühl. So suchte ich ein Fachgeschäft auf. Natürlich wurden hier bereits andere Preise aufgerufen. Doch ich fühlte mich gut, da der Berater alle Unterschiede anschaulich und nachvollziehbar erklärte. Somit wurde mein Gefühl positiv verstärkt, die Wahl für ein Fachgeschäft getroffen zu haben. Noch etwas Weiteres passierte. Dadurch, dass ich alle Erklärungen nachvollziehen konnte, ergaben sich dafür nicht nur ein Sinn für die Mehrausgabe (gemessen an dem ursprünglich im Internet veranschlagten Preis), sondern auch dass, der Preis eine untergeordnete Rolle spielte. Ich konnte nachvollziehen, wofür ich das Geld ausgab (so sollte es eigentlich immer in einem guten Verkaufsgespräch sein). Ich fühlte mich gut, weil mein Gefühl mir sagte, dass ich einen sehr guten Gegenwert für mein Geld erhielt.

Aber jetzt kommt´s. Der absolute Gefühlshammer! Wir waren fast fertig und ich hatte mich im Grunde schon für ein Modell entschieden. Auf einmal sagte der Verkäufer, dass man ein bestimmtes Modell mit einer App steuern könnte. Boah, da hatte er mich erwischt. Ich gebe es zu. Ich stellte mir vor, wenn ich meinen Jungs beim BBQ auf der Terrasse vorführen würde, wie ich meine Markise mit der App (das war damals noch etwas Besonderes) steuern würde. Machogetue? Ja, ich weiß und Sie haben so Recht. Doch es fühlte so gut an.

Denken Sie selbst einmal an eine solche Situation, wo Sie etwas gemacht haben, einfach weil es sich gut anfühlte. Entgegen jeder Logik. Stehen Sie dazu, das ist Lebensqualität.

Das gilt auch für die großen Dinge des Lebens oder eben gerade bei diesen Gelegenheiten? Interessanter Weise erlebe ich das oft bei Paaren, die ich kenne. Mich besuchte ein Freund mit einer Frau, die normalerweise gar nicht sein Typ ist. Als ich mit ihm allein sprach, sagte er mir nur, dass sie ihm so unendlich gut tut. Ihm war es gelungen, auf sich selbst zu hören. Natürlich schauen wir im ersten Moment auf das Äußere, das was uns in der Regel anspricht. Aber es ist eben nur das Außen. Sobald es uns gelingt, weiter zu schauen, in diesem Fall direkt in den Menschen hinein, dann kommen wir dahin, was wirklich wichtig ist. Spannend, nicht wahr?

Macht hat, wer macht!

Lernen wir, mehr auf unser Inneres zu hören, doch geben wir dem Verstand ebenfalls Gehör.

Ich selbst habe viele Jahre diszipliniert und verstandesgemäß mein Leben gestaltet. Bis zu dem Tag, wo eine Freundin zu mir sagte, dass ich die letzten Jahre nur kontrolliert gelebt habe. Sie fragte mich, wo mein Gefühl geblieben sei. Darüber musste ich erstmal nachdenken. Schließlich kam ich dazu, dass sie Recht hatte. Danke, liebe Anne aus Hamburg. So schrieb ich einen Brief an meinen Verstand. Ja, Sie lesen richtig. Ich schrieb einen Brief an meinen Verstand, wie an eine andere Person. Was jetzt kommt, war sehr wichtig. Denn im ersten Moment neigte ich dazu, alles ins komplette Gegenteil zu ändern. Sprich: Verstand weg, Gefühl rein. Das wäre auch nicht richtig gewesen. Also was schrieb ich stattdessen? Ich dankte meinem Verstand, dass er so lange auf mich Acht gegeben hatte und erlaubte ihm jetzt sich auszuruhen. Natürlich würde ich ihn weiter brauchen. Also nicht wegdrücken, sondern der Verstand sollte nur ein wenig zur Seite rücken, um Platz zu machen. Platz zu machen für das Gefühl eben. Da hatte ich es. Der Verstand achtet auf mich, dass ich keine „Dummheiten" mache und das Gefühl sorgt dafür, dass ich leben kann. Eine wunderbare Erkenntnis und es macht mit einem Schlag so vieles leichter.

Doch wenn alles nichts hilft, die Wogen hoch schlagen, dass wir fürchten zu ertrinken, dann – und gerade dann, können wir ganz still werden und vertrauen. Vertrauen darauf, dass alles seinen Sinn hat. Wir wissen nicht wann, aber wir wissen, dass alles richtig ist, so wie es gerade ist. Warum etwas geschehen ist, können wir oft erst im Nachhinein feststellen. Bringen wir die Geduld auf, dass es sich von selbst zeigt. Vertrauen ist nicht immer leicht, aber es macht uns vieles leichter. Wenn wir sonst versuchen, alles im Griff zu haben, alles zu kontrollieren, dann ist es an geeigneter Stelle gut, einfach loszulassen und still zu werden.

Fazit

Schritt 1:

Betrachten Sie Ihre Situation, wo Sie zu viel im Verstand, in der Kontrolle sind (ggf. auch anders herum, wo Sie zu viel im Gefühl sind).

Schritt 2:

Halten Sie kurz inne, sobald Ihnen das auffällt und hören Sie auf Ihren Bauch. Sie wissen instinktiv, was das Richtige ist.

Schritt 3:

Genießen Sie Ihre neu entdeckte Freiheit.

Der Verstand achtet auf uns, dass wir nicht fehl gehen.
Das Gefühl hilft uns, wirklich zu leben!

Macht hat, wer macht!

Freiräume schaffen

Nachdem wir jetzt so viel die Ursachen und Hintergründe betrachtet haben, ist jetzt die Zeit gekommen, sich mit dem *Auftanken* zu beschäftigen. Nun haben wir unsere Denk- und Verhaltensmuster erkannt. Jetzt plötzlich bemerken wir eine Müdigkeit. Völlige Erschöpfung, die einem das Gefühl gibt, nur noch ausruhen zu wollen.

Viele Menschen kennen das, wenn sie viel gearbeitet haben und schließlich, wenn der lang ersehnte Urlaub oder die Feiertage anstehen, sind sie plötzlich krank. Der Körper hat die ganze Anstrengung mitgemacht (hat durchgehalten) und jetzt, da Pause ist, nimmt der Körper sich seine Auszeit. Das ist natürlich oft nicht das, worauf Sie sich gefreut haben. Angenommen Sie haben jetzt endlich Urlaub und liegen plötzlich flach, sei es auch nur mit einer Erkältung. Dann sind Sie sicherlich sehr enttäuscht, weil Sie sich doch so auf den Urlaub, vielleicht mit Ihrem Partner oder der Familie gefreut haben. Gleiches gilt für die Feiertage. Mir selbst ist das nicht nur einmal passiert. Allzu oft lag ich in der ersten Urlaubswoche krank und erschöpft auf der Couch.

Jetzt ist ein guter Zeitpunkt, gleich das anzuwenden, was wir bereits gelernt haben. Hadern Sie nicht mit Ihrer Situation, sondern nehmen Sie an, was ist. Sie sind krank oder erschöpft? Ok. Akzeptieren Sie, dass Ihr Körper jetzt eine Auszeit möchte. Vielleicht schaffen Sie es sogar, dankbar dafür zu sein, dass Ihr Körper solange mitgemacht hat und Sie bei der Arbeit nicht im Stich gelassen hat. Geben Sie ihm jetzt auch, was er mehr als verdient hat. Eine Pause. Geben Sie sich der Ruhe hin und entspannen sich. Kommen Sie zu sich und erfreuen sich an der Stille. Sie werden feststellen, wie gut es Ihnen, Ihrem Körper und auch Ihrem Geist tut. Ich musste auch lernen, dass Krankheit das Rufen des Körpers ist, der sich regenerieren möchte. Hierzu musste ich meinem Körper regelrecht die Erlaubnis geben: *Es ist jetzt gut, du brauchst im Moment nichts tun – nur ausruhen.*

Es ist so, als wenn Sie in der Küche ein großes Menü gekocht haben. Nun ist die Küche voll mit benutztem Geschirr, Töpfen und Pfannen. Sie machen sich daran aufzuräumen, die Arbeitsplatte wieder frei zu räumen. Genauso können Sie es sehen. Sie räumen Ihre Arbeitsplatte auf. Falls Sie die digitale Welt bevorzugen, denken Sie an eine Festplatte, die Sie hin und wieder aufräumen müssen. Sie befreien Ihren Garten vom Unkraut und haben dann wieder Raum und den Blick für das Wesentliche. Aber was ist das Wesentliche? Na sind Sie schon drauf gekommen? Das Wesentliche im Leben sind Sie selbst. Da wir durch die Arbeit uns selbst oft aus den Augen verlieren, ist diese Pause nun genau richtig dafür und die Krankheit oder Erschöpfung zeigt uns, dass nun die Zeit gekommen ist, hinzuschauen.

Wenn Sie dann körperlich wieder auf der Höhe sind, kommt der eigentliche Zeitpunkt, den Kraftspeicher wieder aufzufüllen. Aber wie? Was können wir tun? Leider gibt es keine Tankstellen, an denen wir uns einfach nur mit Lebensenergie versorgen können. Sie glauben gar nicht, wie schwer es sein kann herauszufinden, was man wirklich selber am liebsten machen möchte. Ich stelle immer wieder fest, dass Menschen auch in Ihrer Freizeit sich dem hingeben, was sie glauben, tun zu müssen, weil andere das so möchten. Da sie selbst kein Außenseiter sein möchten und dazu gehören wollen, nehmen Sie oft an Veranstaltungen teil, obwohl Sie lieber zu Hause in Ruhe bei einem Glas Rotwein im Garten sitzen würden.

Ein besonders gutes Beispiel sind Einladungen zum Geburtstag oder Familienfesten an Feiertagen. Wie kommt es eigentlich, dass viele unreflektiert und wie selbstverständlich an der Weihnachtsfeier mit den Eltern, Schwiegereltern, Tanten oder Onkels teilnehmen? Sie kaufen teure Geschenke. Sie maßregeln ihre Kinder vorher und nachher, dass diese sich benehmen sollen. Sie essen den ganzen Tag mehr, als sie eigentlich wollten und am Abend, auf dem Nachhauseweg, beschweren Sie sich darüber, wie sehr doch Onkel Herbert wieder genervt hat mit seinen alten Geschichten. Klingt das nach einer zufriedenen und bereichernden Familienzusammenkunft? Das Sodbrennen in der Nacht von dem vielen Essen tut sein Übriges. Aber trotz all dieser vielen unbequemen Situationen stellen wir auf keinen Fall in Frage, auch im kommenden Jahr wieder an diesem Drama teilzunehmen.

Macht hat, wer macht!

Um der Lage Herr zu werden, müssen Sie sich fragen, was Sie stattdessen wollen. Meistens kommen diese Antworten ganz automatisch, bevor Sie losfahren zu diesem Termin. Wie oft haben Sie dann
schon zu Ihrem Partner gesagt: „Ich habe so gar keine Lust heute
dahin. Ich würde viel lieber mit dir auf dem Sofa einen alten Film
schauen und einfach mal nichts tun. Die Woche war schließlich anstrengend genug." Und? Warum tun Sie es nicht? Weil wir es demje-
nigen, der die Einladung ausgesprochen hat, doch nicht antun können. Das macht man einfach nicht. Genau deswegen verraten wir
uns lieber selbst. Dann können wir wenigstens später auf der Rück-
fahrt uns wieder darüber auslassen, wie schrecklich es doch war. Im
Grunde bestätigen wir damit nur unsere eigene Erwartungshaltung.
Wie wäre es, wenn Sie sich höflich aber bestimmt entschuldigen mit
der Begründung, dass Sie einfach zu erschöpft sind, um heute ein
guter Gesellschafter zu sein. Mit Ehrlichkeit kommt man immer noch
am weitesten.

Stellen Sie sich vor, wenn Sie keine Konsequenzen befürchten
müssten. Niemand wäre Ihnen böse. Was würden Sie dann wirklich
tun? Genau, Sie würden das tun, worauf Sie so richtig Lust haben.
Vielleicht nehmen Sie sich Zeit für Ihr Hobby oder widmen sich einfach dem süßen Nichtstun, um Ihre Reserven wieder aufzutanken.

Eine etwas kleinere Übung können Sie versuchen, wenn Sie kochen
oder essen gehen. Sie haben eigentlich geplant, etwas Bestimmtes
zu kochen oder ein bestimmtes Lokal aufzusuchen. Zwischenzeitlich
ist Ihnen aber nach etwas völlig anderem zu Mute. Vertrauen Sie
sich selbst und entscheiden Sie um. Hören Sie auf sich selbst und
kochen Sie statt der geplanten Spaghetti lieber den Eintopf, nach
dem Ihnen gerade ist. Auch wenn die Lebensmittel im Kühlschrank
bereits ihr Haltbarkeitsdatum überschritten haben und Sie diese eigentlich erst verbrauchen wollten.

Besuchen lieber den Griechen statt den Italiener, bei dem Sie bereits
vor zwei Wochen den Tisch reserviert hatten. Lernen Sie, das zu
fühlen, was Sie gerade jetzt in diesem Moment wollen. Sie werden
noch genug Situationen haben, die Sie trotzdem einfach *abreiten*
müssen. Doch Sie werden immer mehr erkennen, dass Sie mindestens genauso oft, wenn nicht sogar mehr, die Wahl haben, etwas

anderes zu tun. Entscheiden Sie sich für sich. Es ist einfach ein wunderbares befreiendes Gefühl.

Prüfen Sie alle Ihre Lebenssituationen durch. Wohin Sie in den Urlaub fahren, welchen Sport Sie machen, welche Bücher Sie lesen, welche Menschen Sie in Ihr Umfeld lassen, ob Sie jetzt gerade Gesellschaft haben oder lieber allein sein wollen. Geben Sie sich selbst die Erlaubnis, das zu tun, was Ihnen Freude bereitet und Sie erhalten mehr Kraft und Energie, als Sie sich in diesem Moment vorstellen können.

Fazit:

Schritt 1:

Auszeiten nehmen und bewusst Pause machen. Bei Krankheiten, diese als Zeichen von innen akzeptieren, dass Sie ausruhen dürfen bzw. sollen.

Schritt 2:

Prüfen Sie, was Sie wirklich machen wollen, um Ihre Reserven wieder aufzutanken. Sagen Sie „Nein" zu Verpflichtungen, die Ihnen unangenehm sind.

Schritt 3:

Fühlen Sie, was Sie wirklich wollen.

Schritt 4:

Erlauben Sie es sich.

Jeder Freiraum beginnt damit, es sich selbst zu erlauben!

Klarheit schaffen

Energie wird nicht nur von Kraftwerken angeboten. Eines der größten Kraftwerke sind wir tatsächlich selbst. Vielleicht hatten Sie schon einmal die Situation, dass Sie sich ohne ersichtlichen Grund schlapp und müde gefühlt haben? Oft stellen wir dann Vermutungen über die Ursache an und kommen dann schnell auf das Wetter oder dass man einfach nur schlecht geschlafen habe.

Haben Sie schon einmal nach möglichen Energieräubern Ausschau gehalten? Was sind Energieräuber? Energieräuber sind alle die Umstände, denen wir bewusst oder unbewusst unsere Aufmerksamkeit schenken. Beispielsweise haben Sie sich über eine Situation oder einen Mitmenschen geärgert. Diese Situation ist schon längst erledigt. Doch tief in Ihnen arbeitet es weiter. Etwas ist ungeklärt und diese Tatsache verbraucht Energie, die sich dann körperlich bemerkbar macht.

Beispiel:

Stellen Sie sich vor, Sie wachen morgens wie *gerädert* auf. Im morgendlichen Trott geben Sie sich selbst die Erklärung, dass Sie wohl schlecht geschlafen haben. Sie beschließen zeitgleich, dass Sie heute Abend früh zu Bett gehen.

Auf dem Weg zu Arbeit fällt Ihnen ein, dass Sie am Vorabend eine Auseinandersetzung mit Ihrem Partner hatten. Sie hatten bereits Ärger bei der Arbeit. Da lief mal wieder alles schief, was nur schieflaufen konnte. Beim Abendessen wollten Sie das Thema mit Ihrem Partner besprechen. Sie erhofften sich insgeheim ein paar *Streicheleinheiten*. Doch stattdessen entwickelte sich das Gespräch in eine andere ungewollte und unschöne Richtung. Statt Verständnis durften Sie sich anhören, warum Sie vergessen haben, die Wäsche aus der Reinigung mitzubringen oder einfach nur wieder vergessen haben, die Mülltonne morgens raus zu stellen. Kaum, dass Sie zur Tür hereinkommen sind, wurden Sie angeblafft.

Es kam, wie es kommen musste. Erschöpft von der Arbeit und zu keiner vernünftigen Argumentation mehr fähig, ergab ein Wort das andere und im Handumdrehen hatten Sie eine lebhafte Auseinandersetzung. Verärgert verbrachte jeder von Ihnen den Abend mit sich selbst und ging früh zu Bett.

Umso fraglicher ist es doch, warum Sie dann so erschöpft sind, wenn Sie früh schlafen gegangen sind? Die Antwort: Sie haben die beschriebene Situation nicht geklärt. Ihr Unterbewusstsein arbeitet weiter. Vielleicht hatten Sie auch unschöne Gedanken wie: *Wenn mein Partner nicht das gesagt hätte, dann hätte ich...* usw. Das alles sind Vorwürfe und führen zu keinerlei Klärung. Wie also in die Klärung gehen?

Schauen Sie aus der Vogelperspektive auf die Situation. Wer hat konkret was getan und was gesagt? Wie würden Sie als potenzieller dritter Beobachter die Situation beurteilen? Ja, Sie haben richtig gelesen, stellen Sie sich vor, dass Sie eine dritte Person sind. Diese Person war theoretisch bei dem Gespräch anwesend. Möglicherweise können Sie das Geschehen auch aufzeichnen oder aufschreiben, falls Ihnen das angenehmer ist. Besonders wichtig an diesem Vorgehen ist, dass Sie ehrlich zu sich selber sind. Das ist der Schlüssel zum Erfolg. Seien Sie ehrlich, wenn Sie bereits spüren, hier oder da haben Sie etwas getan oder gesagt, das nicht wirklich ok war. Wenn dem so ist, verteidigen Sie sich nicht. Nach dem Motto: A*ber der andere hat doch...* Das ist die reine Rechtfertigung. Keine Sorge, es bedeutet nicht, dass Sie für alles alleine verantwortlich sind. Schauen Sie sich nur an, für was Sie tatsächlich die Verantwortung tragen und dann tragen Sie die Verantwortung.

Wie das funktioniert? Ganz einfach, entschuldigen Sie sich für den Teil, (nur diesen Teil) den Sie erkannt haben, in dem Sie hätten besser oder souveräner regieren können. Danach lassen Sie los. Erwarten Sie nicht, dass der andere sich auch entschuldigt. Schön, wenn es so ist, aber erwarten Sie es nicht. Das wäre so, als wenn ich Ihnen ein Geschenk machen würde und im gleichen Atemzug erwarte, dass Sie auch ein Geschenk für mich haben.

Macht hat, wer macht!

Mir selbst ist das beispielsweise bei einem Wochenendbesuch in Hamburg passiert. Wir waren zu viert, um ein schönes Wochenende zu verbringen. Sehr schnell stellte sich heraus, dass eine mitgereiste Bekannte ständig etwas auszusetzen hatte. Erst war es der Tisch im Restaurant, der ihr nicht gefiel. Dann wechselten wir zu einem anderen Tisch. Kurz darauf war Sie mit der Speisekarte nicht einverstanden. Dann wiederum fand sie das ganze Restaurant unmöglich und wir mussten unverrichteter Dinge ein anderes Lokal suchen. Sie führte damit klar die restliche Gruppe an, die sich kommentarlos fügte. Ich selbst war sehr verwirrt über das Verhalten und auch ziemlich verärgert. Diese Verärgerung steigerte sich während des gesamten Tages. Denn dieses Verhalten ging den ganzen Tag so weiter. Es *brodelte* in mir vor sich und ich wunderte mich, dass auch niemand anders etwas sagte. Als dann nach einem langen Tag der Abend in einem Tanzlokal ausklingen sollte und sich eine ähnliche Szene wie im Restaurant abzeichnete, verlor ich meine Geduld. Ich schimpfte ziemlich lautstark die Freundin an. Ich blaffte Sie an, ob Sie sich endlich mal entscheiden könne, wo Sie sitzen will. Verwirrt schaute sie mich an und war sich keiner Schuld bewusst. Wutentbrannt verließ ich das Lokal, um mit einem Taxi ins Hotel zu fahren.

Was war schief gelaufen? Anstelle frühzeitig auf das Missfallen des unruhigen Verhaltens hinzuweisen, verbunden mit der Bitte auch auf die übrige Gruppe Rücksicht zu nehmen, habe ich mir selbst Druck aufgebaut. Ich erwartete, dass die betreffende Person es selber bemerken oder die Gruppe einschreiten würde. Doch nichts geschah. So stauten sich meine eigenen Gefühle auf. Ich hatte also nicht richtig für mich selbst gesorgt und die Verantwortung übernommen. Die andere Person konnte nur mit Unverständnis reagieren, da ihr Verhalten ihr selbst in keiner Weise klar war.

Das Einzige, was mir noch blieb, war Folgendes: Beim Frühstück ging ich als Erstes auf die Freundin zu und entschuldigte mich. Ja, Sie lesen richtig. Auch wenn Sie jetzt vielleicht denken, dass es *die* nicht besser verdient hat. So einer Nervensäge musste man mal schließlich die Meinung sagen. Der entscheidende Unterschied war der, dass ich mich für die Art und Weise entschuldigte, wie ich es gesagt hatte (sprich die Lautstärke und der Ton), jedoch nicht für den Inhalt. Genau so habe ich es gesagt.

Macht hat, wer macht!

Ich bezweifle, dass sie mich verstanden hat. Eines ist jedoch von elementarer Bedeutung: Ich habe die Verantwortung für meinen Teil übernommen. Dadurch, dass ich alles aufgestaut habe, habe ich in letzter Konsequenz die Freundin angeschrien. Das Anschreien war nicht ok. Ok war zu sagen, dass ihr Verhalten für mich und evtl. für den Rest der Gruppe, unangenehme Auswirkungen hatte, einen unbeschwerten Tag zu haben.

Es hat mir enorm viel Freiheit und Entlastung gegeben, mich zu entschuldigen. Im gleichen Moment, als ich es aussprach, erhielt ich einen enormen Energieschub.

Fazit:

Schritt 1:

Prüfen Sie die Situation, welche Verantwortung Sie selbst tragen. Sei es ganz, teilweise oder auch gar nicht.

Schritt 2:

Übernehmen Sie die Verantwortung für Ihr Handeln und ändern Sie ggf. den Umstand.

Schritt 3:

Erwarten Sie nicht von anderen, dass sie das Gleiche tun. Lassen Sie los.

Wenn wir ehrlich auf uns selbst schauen, was in unserer Verantwortung liegt, dann haben wir bereits sehr viel erreicht!

Konsequenz

Konsequenz ist ein Begriff, der dieser Tage eher selten anzutreffen ist. Oft hat er einen Beigeschmack, der, wie es scheint, in unserer Gesellschaft eher negativ besetzt ist.

Sichtbar wird das besonders schnell im Umgang mit Kindern. Eine Freundin von mir hat drei Nichten. Da die Mutter früh verstorben ist, hat sie die jüngste Nichte hin und wieder über das Wochenende zu sich geholt. Es stellte sich heraus, dass das Mädchen (9 Jahre) gewohnt war, so lange zu nörgeln, bis es seinen Willen bekam. Sicherlich ist das auch eine Art von Konsequenz. Allerdings ist es eine völlig andere, als ich hier zum Ausdruck bringen will. Es geht hier vielmehr um die nicht vorhandene Konsequenz meiner Freundin. Notwendig wäre hier gewesen, dem Kind aufzuzeigen, dass eine Entscheidung beibehalten wird. In diesem Falle also irgendeine Ablehnung auf ein Bitten, wie beispielsweise der Wunsch nach einem Eis, einer Süßigkeit oder etwas Bestimmtes tun zu dürfen. Natürlich versuchen Menschen, ihre Grenzen auszuloten, insbesondere Kinder. Darum ist es besonders wichtig, standhaft zu bleiben. Aber bleiben Sie mal standhaft, wenn Sie die großen Kulleraugen anschmachten mit einem theatralisch unterstrichenem: „Büüüttääää..." Ja ich weiß, was Sie meinen. Bitte glauben Sie mir, ich kann mich gut erinnern, dass ich mehr als einmal diese Methode selbst bei meinen Eltern ausprobiert habe.

Allerdings geht mit einer konsequenten Art auch eine weitere Herausforderung einher. Ich habe selbst als Kind erfahren müssen, dass ich oft mit der allgemein gültigen Aussage wurde: *Das ist so, weil wir das so sagen* oder *Solange du die Füße unter unseren Tisch stellst, machst du, was wir dir sagen.* Diese und ähnliche Aussagen hörte ich immer wieder. Ach Sie kennen das? Und was haben wir uns immer vorgenommen, wenn wir glaubten, als Kind nicht richtig behandelt zu werden? Richtig, wir wollten es besser machen. Doch leider stellten wir irgendwann fest, dass wir ähnliche Sprüche benutzten. Wenn wir jetzt noch ausreichend Erinnerung an damals haben, dann ist es Zeit, innezuhalten und seinen damaligen Vorsatz umzusetzen.

Macht hat, wer macht!

Ich tat das mit meinem Stiefsohn. Ich wollte, dass er lernt, dass alles, was er tut, eine Konsequenz hat – positiv wie negativ. Darüber hinaus, war es mir wichtig, dass er verstand, was im Einzelnen passiert. Ganz besonders auch im Nachhinein. Natürlich ist es nicht besonders schwierig, eine positive Konsequenz auszuüben. Eine positive Konsequenz macht doch im besten Fall allen Spaß. Sprich ein Kino- oder Schwimmbadbesuch als Belohnung.

Soweit so gut. Was ist jedoch mit dem Gegenteil? Stellen Sie sich bitte vor, Ihr Kind hat zum wiederholten Mal den Schulweg nach Hause an der Hauptstraße gewählt, weil dieser einfach kürzer ist. Allerdings hatten Sie mehrfach vorab mit Ihrem Kind besprochen, dass ein anderer, etwas längerer Weg durch die Ortschaft sicherer sei. Sie sind den Weg mehrfach gemeinsam abgegangen. Außerdem habe Sie auf die Gefahr des kürzeren Weges hingewiesen, da diese Straße stark von LKWs befahren wird.

Nun stellen Sie fest, dass Ihre Anweisung wiederholt ignoriert wurde. Was tun Sie dann? Belassen Sie es dabei und sagen sich, dass es beim nächsten Mal sowieso wieder ignoriert wird oder dass es am Ende doch gar nicht so schlimm ist? Sind Sie verärgert und schimpfen Ihr Kind energisch aus? Was davon wird Ihnen wirklich weiterhelfen? Was davon wird wirklich eine Veränderung bewirken? Nichts von alle dem.

Alles das wird Sie am Ende dahin bringen, dass sich nichts ändert. Schlimmer noch, es wird Schule machen. Das bedeutet, dass ihr Kind lediglich gelernt hat, dass es nur lange genug etwas ignorieren muss. Dann ist die jeweilige Anweisung hinfällig. Schlimmsten Falls gibt es verbale Androhungen für das Kind, die jedoch mit keinerlei Auswirkungen hinterlegt sind. Aber das war es im Großen und Ganzen. Es lohnt sich immer noch für das Kind, das Gebot zu ignorieren. Das ist es, was haften bleibt. Dann könnten Sie sich diesen Umweg auch gleich sparen.

Wenn Sie langfristig eine wirkliche Einsicht und verlässliche Änderung im Verhalten erreichen wollen, müssen Sie konsequent sein. Das bedeutet konkret:

Macht hat, wer macht!

Fazit

Schritt 1:

Aufzeigen von Konsequenzen (positiv und negativ) des jeweiligen Handelns, bevor ein Ereignis eintritt. Belohnung oder Verlust von etwas. Zeigen Sie auf, dass der Einfluss auf das Ergebnis bei einem selbst liegt. Das gilt natürlich auch für Sie selbst.

Schritt 2:

Konsequent im Falle des Falles sein. Das bedeutet, die angekündigte Konsequenz definitiv auszuführen.

Schritt 3:

Bei Gegenwehr Ihren eigenen Vorgaben treu bleiben. Es ist manchmal sehr hart, aber am Ende lohnt sich der Weg. Oft werden Sie auch nur getestet, wie weit Sie gehen würden bzw. wann Sie einknicken.

Erinnern Sie sich noch an die Nichte von meiner Freundin? Ein weiterer Nachteil der NICHT-Konsequenz ist, dass Sie auch immer und immer wieder wegen der gleichen Sache gefragt oder genervt werden. Im schlimmsten Fall wird dieser Zustand Ihnen so sehr auf die Nerven gehen, das Sie evtl. Ihre Beherrschung verlieren. Doch das wäre die ungünstige Variante von dem, was Sie ursprünglich im Sinn hatten, oder?

Wie bereits in Schritt 3 angeführt, werden Sie natürlich auch auf die Probe gestellt. Das soll heißen, es wäre ja zu schön, wenn Sie einfach alles, was hier so geschrieben steht, einfach nur aussprechen müssen, damit Ihre lieben Mitmenschen alles das machen, wie Sie sich das vorstellen. Ganz so einfach ist es leider nicht. Das bedeutet, Sie müssen mit Gegenwehr rechnen. Ich sprach bereits davon, dass man Sie testen will. Bewusst oder unbewusst.

Stellen Sie sich vor, Sie sprechen mit Ihrem Chef bzw. Ihrer Chefin und fordern eine Gehaltserhöhung. Werden Sie diese so einfach

Macht hat, wer macht!

erhalten? Es ist eher damit zu rechnen, dass man Ihnen erklären wird, warum es gerade jetzt ein schlechter Zeitpunkt ist. Beispielsweise wird das damit begründet, dass es der Firma erst wieder besser gehen muss. Im Grunde hätten Sie es sich ja schon verdient, doch es liegt ja nicht nur an Ihrem Vorgesetzten alleine und so weiter und so fort. Stellen Sie sich darauf ein, dass Sie Gegenwind erhalten.

Das ist der Test. Jetzt heißt es argumentieren. Warum glauben Sie, steht Ihnen die Gehaltserhöhung zu? Sie werden eine Reihe von Gründen vorbringen können, die Sie für ein solches Gespräch gründlich vorbereitet haben. Wenn Sie wirklich eine Gehaltserhöhung wollen, dann werden Sie konsequent sein müssen. Und mal ehrlich, was wäre eine Gehaltserhöhung wert ohne ein wenig Kampf? Das wäre, als wenn Sie die Sau vor die Flinte des Jägers werfen würden.

Seien Sie sich bewusst, was Sie wirklichen wollen (Ziele) und seien Sie dann konsequent. Wie gesagt, es gilt auch für Sie selbst. Haben Sie sich vorgenommen, abzunehmen oder mehr Sport zu treiben, dann bleiben Sie dabei. Die Zielerreichung ist ein wunderbares Gefühl.

Konsequenz erscheint zunächst anstrengend, ist aber auf Dauer äußerst entspannend!

Macht hat, wer macht!

Dankbarkeit zeigen

Oft kommt es vor, dass wir frustriert, gelangweilt, ausgebrannt und einfach unzufrieden mit allem und jedem sind. Wir glauben nicht mehr an das, was wir tun oder wer wir sind... und überhaupt ist doch alles für den Eimer. Trotz aller Versuche, etwas zu ändern, Fleiß und Durchhaltevermögen, will sich in unserem Leben einfach keine Besserung einstellen, die Erfolge lassen auf sich warten.

Nun sind einige Menschen schon so weit, nicht die Schuld im Außen zu suchen. Das bedeutet, anderen Menschen oder Umständen die Schuld für ihre Ursache bzw. ihrem Missstand zu geben. Sie haben akzeptiert, dass es einen Grund dafür gibt, der mit ihnen selbst zu tun hat. Sie suchen und suchen nach dem wirklichen Grund, doch haben noch nicht die richtige Idee. Irgendwie gelingt es ihnen nicht, aus dem Jammertal herauszukommen.

Dann, wenn Sie bereits begonnen haben, Ihren Fokus auf sich selbst zu lenken und nichts anderes mehr funktioniert, beginnen Sie einfach, dankbar zu sein. Dankbar wofür, könnten Sie jetzt fragen. Mir geht es doch gerade schlecht, wofür bitte soll ich da dankbar sein? Ja, es scheint im Moment nicht so toll zu laufen und auch wenn ich nicht wissen kann, was Sie persönlich gerade bewegt, bin ich überzeugt, dass es uns allen hier im mittleren Westen sehr gut geht. Sogar dann, wenn jemand arbeitslos ist, geht es uns noch besser, als so manchen anderen Menschen auf dieser Erde. Niemand braucht beispielsweise zu hungern. Haben Sie sich jemals gefragt, wie gut wir es haben?

Es beginnt schon jeden Morgen. Wir haben ein schönes und vor allem sicheres Zuhause. Wenn es kalt ist, haben wir die Möglichkeit, einfach die Heizung anzumachen. Wir duschen so lange, wie wir wollen, wir können uns jederzeit aus dem Kühlschrank bedienen. Wenn dieser leer ist, gehen wir einfach zum Supermarkt und kaufen ein. Wir verfügen über mehr Möglichkeiten der Telekommunikation, als wir gleichzeitig bedienen könnten. Wir haben i. d. R. ein oder mehrere Autos vor der Tür stehen, die uns ein ungeahntes Maß an Freiheit verschaffen. Wir können einfach mal ein paar hundert Kilometer weit in eine andere Stadt fahren, um ein Konzert zu besuchen oder einfach nur einen Besuch zu machen. Darüber hinaus verfügen wir an ein Höchstmaß von Freizeit und Urlaub. Wir fahren oder fliegen teilweise zwei- bis dreimal im Jahr weg. Wie besuchen Restaurants, nutzen Hotels und Dienstleistungen aller Art. Wenn wir Schmerzen haben, stehen uns Ärzte, Krankenhäuser und Apotheken zur Verfügung.

Wir können frei wählen, welche Politiker wir wählen, unseren Aufenthaltsort, unseren Partner, unseren Beruf. Selbst wenn wir uns entschieden haben, haben wir die Freiheit, unsere Meinung zu ändern. Heute können Sie sich von Ihrem Partner trennen, wenn er nicht mehr der richtige ist, ohne befürchten zu müssen, dass Sie geächtet sind oder es Sie finanziell ruiniert.

Und wenn Ihnen das alles nicht reicht, dann seien Sie dankbar, dass Sie heute Morgen gesund aufgewacht sind in einem freien Land, wo Sie alles denken und sagen dürfen, was Ihnen einfällt, ohne dass Sie verfolgt werden. Bitte denken Sie einmal darüber nach.

Wenn Sie noch ungeübt in der Dankbarkeit sind, gehen Sie vor dem Schlafengehen einfach ein paar Minuten in sich. Überlegen Sie, was Sie heute alles erlebt haben. Dann fallen Ihnen meistens automatisch Dinge ein, die Ihnen Freude bereitet haben. Besonders effektiv ist es, wenn Sie diese Gedanken aufschreiben. Versuchen Sie, pro Abend drei Dinge aufzuschreiben, für die Sie dankbar sind. Das können ganz einfache Dinge sein.

Ich mache das bereits regelmäßig. Manchmal denke ich, dass es gar kein besonderer Tag war. Doch wenn ich dann innehalte und nachdenke, fallen mir viele schöne Momente ein, die ich aufschreibe.

Beispielsweise freue ich mich bei meiner morgendlichen Joggingrunde über einen jungen Fuchs, der mir über den Weg lief. Ich freue mich über die Sonnenstrahlen, die durch die Baumkronen auf den Waldboden scheinen. Ein besonders schönes Erlebnis hatte ich an einem frühen Herbstmorgen im Oktober. Die Felder waren schon abgemäht und ein Vogelschwarm flog ständig auf, um kurz darauf wieder für ein paar Sekunden auf dem Acker zu landen. Als ich auf der gleichen Höhe war, flogen die Vögel wieder auf und scheinbar direkt durch die gerade aufgehende Sonne. Für den Bruchteil einer Sekunde schien es, als hätten die schwarzen Silhouetten der Vögel goldene Ränder von den leuchtenden Sonnenstrahlen. Es war ein herrliches Bild, das sich sofort in meinen Kopf eingebrannt hat. Keine Kamera der Welt hätte das so schnell erfassen können. Allein wenn ich mich an diesen kleinen Moment erinnere, spüre ich große Freude und Dankbarkeit. Daraus resultiert ein wunderbarer innerer Frieden und ich beginne meinen Tag ganz anders.

Dankbarkeit schafft inneren Frieden!

Macht hat, wer macht!

Jetzt geht's los! Oder der richtige Zeitpunkt

Nicht quatschen – machen. Das ist immer noch eine bewährte Methode, um Dinge wirklich anzugehen. Dennoch ist diese Vorgehensweise nicht bei allen gleichsam beliebt. Denn jetzt geht es in die wirkliche Verantwortung. Jetzt müssen wir zeigen, ob wir etwas so richtig ernst meinen.

Als wunderschönes Beispiel berichte ich an dieser Stelle von meinem Tandemsprung aus 3500 m Höhe. Vor ungefähr 3 oder 4 Jahren hatte ich die Idee. Ich will mal aus einem Flugzeug springen. Naja, man kann das ja mal zu seinen Lebenszielen schreiben. Dann ging die Zeit so ins Land. Ich lernte meine Freundin kennen (da gibt es dann erst mal andere Dinge, die wichtiger sind) und so weiter. So ging die Zeit dahin. Irgendwann entdeckte ich beim Aufräumen meine alten Aufzeichnungen und damit auch den Wunsch, aus einem Flugzeug zu springen. Ich wusste, dass ich das machen möchte, um meine Angst zu überwinden. Also schrieb ich den Wunsch auf eine große Karte und hängte diese an die Wand in meinem Büro. Damit war dieser immer für mich präsent.

Irgendwann, es dauerte gar nicht lange, kam ich mit einer Kollegin auf dieses Thema zu sprechen. Diese bekundete ebenfalls den Wunsch, schon immer einen Fallschirmsprung machen zu wollen. Also sagten wir uns, jetzt oder nie. Anmelden heißt die Devise. Gesagt – getan. Anmeldung erfolgreich durchgeführt. Heute in drei Monaten geht es los – wie schön. Das ist ja noch weit hin. Somit war der Wunsch zu einem konkreten Ziel geworden.

Der Tag kam langsam näher und meine größte Sorge, die mich bis dahin plagte, war lediglich, ob das Wetter auch entsprechend gut sein würde, um springen zu können. Denn, wenn der Termin erstmal verschoben wird, wer weiß, ob man dann noch so entschlossen handelt. Nein, es musste und sollte sein. Jetzt, heute, in diesem Moment.

Meine Kollegin und ich erreichten den Flughafen und wir meldeten uns an. Jetzt fingen die ersten Blödeleien an, um unsere Angst zu

Macht hat, wer macht!

überspielen. Wir bemerkten sofort, dass wir damit unsere Unsicherheit überspielen wollten. Nach erfolgreicher Anmeldung und den notwendigen Unterschriften dafür, dass uns bewusst war, dass das höchste Risiko darin bestand, dass der Haupt- und Reserveschirm sich evtl. nicht öffnen, wurde uns sehr mulmig. Was denn noch alles? Wir gingen hinaus auf den Vorplatz. Hier sollten wir warten, bis wir aufgerufen werden. Wir konnten andere Springer sehen, wie diese eingewiesen wurden. Andere Personen waren bereits auf dem Weg zum Flugzeug. Nach dem Start schraubte sich die Maschine auf die entsprechende Höhe über den Wolken. Kurze Zeit später sahen wir drei Springer, wie diese im freien Fall durch die Wolkendecke stürzten, bis der Schirm sich öffnete und die drei Personen weiter Richtung Erde segelten.

Das waren jetzt aber mehr als 10 Sekunden freier Fall, bemerkte ich. Sofort wurden wir von anwesenden Personen darüber in Kenntnis gesetzt, dass es nicht nur 10 Sekunden, sondern 50 Sekunden dauert. Oha, eigentlich wollte ich am Fallschirm fliegen, über den freien Fall hatte ich mir gar keine Gedanken gemacht. Aber jetzt gab es kein Zurück.

Kurze Zeit später wurde ich aufgerufen, und jetzt gab es tatsächlich kein Zurück. Klamotten auswählen, anziehen, Einweisung und dann los zum Flugzeug. Eine kleine Maschine brachte uns und ein weiteres Tandemteam auf Höhe. Der Anblick der Erde unter uns war uns ja schon aus den Landeanflügen aus Urlaubsfliegern vertraut. Nur mit dem Unterschied, dass wir jetzt „zu Fuß" runter gehen würden.

Es wäre gelogen, wenn ich behaupten würde, dass ich nicht aufgeregt war. Doch ich war positiv aufgeregt. Ich hatte mir vorgenommen, nicht darüber nachzudenken, was alles passieren könnte. Abgesehen davon hat der Trainer ja auch ein persönliches Interesse, selbst wieder gesund unten anzukommen. Wir erreichten schließlich die Absprunghöhe, die Luke wurde geöffnet und jetzt wurde es ernst. Das erste Tandem drehte sich aus der Luke und verschwand kurze Zeit später aus unserem Sichtbereich.

Jetzt wir, ranrobben zur Luke und Beine nach unten, Kopf nach hinten durchstrecken, so wie wir es besprochen hatten. Ich wollte jetzt auch raus – jetzt wollte ich es wissen. Dann kam der Absprung. Wir drehten uns mehrfach im Salto um die eigene Achse. Kurze Zeit später richteten wir uns aus und ich durfte meine Arme ausbreiten. Was für ein Gefühl. Wir rasten mit 200 km/h durch die Wolkendecke und es war einfach nur geil. So etwas hatte ich noch nie erlebt. Es war schöner, als ich mir je hätte erträumen lassen. Der Burner, Freiheit pur. Nach 50 Sekunden öffnete sich der Schirm und die Geschwindigkeit wurde deutlich reduziert. Nun konnten wir die Erde in Ruhe betrachten. Nach kurzer Einweisung durfte ich den Schirm sogar selbst lenken und der Trainer forderte mich auf, auch mutig entsprechende Kreise zu drehen.

Schließlich landeten wir gemütlich auf der Wiese am Flughafen, als wäre es das Normalste der Welt. Danke für dieses Wahnsinnsgefühl. Danke an meinen Trainer Steve, der alles richtig gemacht hatte.

Was ist die Moral von der Geschichte? Nimm dir Dinge vor, die du gerne machen willst. Es kann auch einige Zeit dauern. Wenn die Zeit reif ist, dann zieh es durch. Denk nicht so viel, was könnte und was würde passieren, wenn... Verfolge einfach deinen Plan und du wirst Dinge erleben, von denen du nicht mal ansatzweise gedacht hast, dass es so schön sein kann. Ich hatte mir vorgestellt, dass der freie Fall ein notwendiges Übel ist. Am Ende war es das Beste vom Ganzen.

Vielen Dank, dass ich das erleben durfte.

Manchmal sind die Dinge, vor denen wir die meisten Bedenken hatten, die schönsten!

Einfach mal Pause machen...

Natürlich muss nach dem ganzen Engagement auch mal eine Pause gemacht werden. Nur die Frage ist, wie macht man eine sinnvolle Pause?

Wenn Sie zu oft eine Pause machen, dann sind Sie sicherlich gut erholt, haben aber unter dem Strich keine Ergebnisse erzielt oder zumindest nicht in der ausreichenden Qualität oder dem ausreichenden Umfang.
Wenn Sie zu wenig oder gar keine Pause machen, dann laufen Sie Gefahr, Ihr Ziel auch nicht zu erreichen, da Sie schlimmstenfalls gesundheitliche Schäden davon tragen könnten, die Sie dann zu einer längeren Pause zwingen.

Es ist wie beim Autofahren. Sie können drei bis vier Stunden gut konzentriert eine gewisse Strecke zurücklegen. Doch nach der angegebenen Zeit werden Sie zwangsläufig ermüden. Natürlich, die ganz *Harten* schaffen das länger und so manches Mal ist es unverantwortlicher Weise von einigen Arbeitgebern so gewollt.

Nichtsdestotrotz werden Sie bzw. Ihr Körper über kurz oder lang ermüden und damit einhergehend Ihre Aufmerksamkeit beeinträchtigt sein. Ob es nun der (Ein)Sekundenschlaf ist oder die Missachtung der Vorfahrt. Folgen aus derartigen Situationen sehen wir häufig auf den deutschen Autobahnen; schlimmstenfalls in den Nachrichten.

Zurück zu unserer Ausgangsfrage – wie mache ich richtig Pause? Denken Sie an Ihr Ziel und wie viel Zeit Sie dafür benötigen. Nun rechnen Sie angemessene Pausen ein. Außerdem berücksichtigen Sie Zeiten für unvorhergesehene Zwischenfälle. Bleiben wir für einen Moment bei dem Beispiel Autobahn. Sie beabsichtigen, von Hamburg nach München allein mit Ihrem PKW zu fahren. Wenn Sie ein geübter Fahrer sind, dann werden Sie die Strecke mühelos an einem Tag zurücklegen können. 780 km sind lt. Routenplaner in 7 h zu schaffen. Da Sie allein fahren, rechnen sie mit mindestens 2 großen Pausen á 30 Minuten. Also haben Sie eine Gesamtfahrzeit von 8 h

Macht hat, wer macht!

geplant. Die A7 besteht derzeit aus vielen und vor allem langen Baustellen. In wie weit haben Sie Stauzeiten aufgrund von Baustellenverengungen oder Unfällen berücksichtigt?

Sollten Sie nach der Ankunft keine Termine in München mehr haben, können Sie relativ stressfrei auch bei Störungen fahren. Sobald aber terminlicher Druck entsteht, neigen wir dazu, unsere normalerweise geplanten Pausen oder Reserven einfach entfallen zu lassen. Die möglichen Folgen sind, wie bereits erwähnt, mangelnde Qualität oder Ausfälle der eigenen Person.

Ein simples Beispiel zeigt das auf eine andere Art:

Ich erinnere mich, wie ich bei der Reinigung des Küchenofens die Frontklappe entfernte. Nach der Reinigung wollte ich die Ofenklappe wieder montieren. Normalerweise ist das auch denkbar einfach, da es sich um einen Klappverschluss handelt, der relativ leicht zu bedienen ist. Wie auch immer ich es angestellt hatte, ich bekam die Ofenklappe nicht mehr in die Halterung. Wie ein Besessener versuchte ich, die Halterung zu fixieren – ohne Erfolg. Ich wurde mit zunehmendem Misserfolg immer ärgerlicher. Schließlich spürte ich, dass ich kurz davor war, vor lauter Missmut die Ofenklappe auf den Boden zu werfen. Dabei hätte ich diese bestimmt stark beschädigt. Dann hätte ich mich aber nachhaltig geärgert, da mit Sicherheit die Ofenklappe und der Fußboden sichtbaren Schaden erlitten hätten.

Zum Glück besann ich mich rechtzeitig und machte einfach eine Pause. Ich setzte mich, trank einen Kaffee, dachte an etwas anderes und arbeitete anschließend an einer anderen Stelle weiter. Als ich nun vollkommen entspannt war, kehrte ich zum Küchenofen zurück und wie ein Wunder ließ sich die Ofenklappe wie von selbst einhängen. Dieses kleine Ereignis zeigte mir, dass es mit *Hauruck* nicht immer geht. Im Gegenteil, es verursacht mehr Schaden. Eine kurze Pause zur rechten Zeit schont nicht nur die Nerven, sondern auch materielle Ressourcen und ggf. vor unnötigen kostspieligen Reparaturen.

Halten Sie einfach dann und wann inne, atmen Sie tief durch und das Problem wird nicht weg sein, aber Sie können ihm anders und vor allem entspannter begegnen.

Vielleicht haben Sie es selbst schon einmal gespürt? Wenn Sie etwas unbedingt fertig haben wollten, dann beginnen Sie, sich dabei zu verkrampfen und Sie machen es am Ende nur noch schlimmer. Selbst wenn Sie einen Abgabetermin haben? Erinnern Sie sich, was wir zum Thema Zielplanung besprochen haben. Ich bin sicher, Sie haben so etwas schon einmal erlebt. Denken Sie bereits vorher an Pausen, wenn Sie etwas planen. Wenn trotz aller Planung Schwierigkeiten auftreten und es einfach nicht funktionieren will, halten Sie einfach für einen Moment an. Danach geht es oft wie von selbst.

Fazit

Schritt 1:

Pausen und Ausfallzeiten bei Zieldefinition einplanen.

Schritt 2:

Pausen einhalten und bei Ausfallzeiten ruhig bleiben – nicht in Zeitdruck geraten aufgrund von Anschluss- oder Abgabeterminen.

Schritt 3:

Entspannt das Ziel erreichen.

Wenn Wasser sich durch den aufgewirbelten Grund trübt, dann ist es an der Zeit innezuhalten, damit die Schwebeteilchen im Wasser wieder auf den Grund sinken können und sich die Sicht wieder klärt.

Macht hat, wer macht!

Es ist Zeit loszulassen oder die Kunst zu vertrauen

Sie haben richtig geplant, durchgehalten, waren konsequent, haben ausreichend Pausen gemacht und doch hilft alles nichts. Sie kommen einfach nicht an das Ziel, dass Sie sich gesetzt haben?

Sicherlich hat Ihnen in dieser Situation schon mal jemand gesagt, dass Sie einfach loslassen sollen. Als wenn das so einfach wäre. In der Tat ist Loslassen eine der schwierigsten Tätigkeiten, wenn man darin noch nicht geübt ist. Schnell wird Loslassen mit Faulheit oder Trägheit verwechselt. Oft ist es auch so, dass der Punkt des eigentlichen Loslassens nachträglich Zweifel in uns aufsteigen lässt. So nach dem Motto, dann hätte ich mir doch die ganze Anstrengung vorher sparen können.

Ja, natürlich erscheint es so, als könnten wir eine Abkürzung gehen und uns viel Zeit und auch Leid ersparen. Jetzt die schlechte Nachricht: Das funktioniert so nicht.

Viele Menschen fragen mich oft, warum sie selbst so leiden müssen. Da wurden sie von ihrem Partner verlassen, da haben sie die Arbeit verloren, da sind sie selbst oder ein geliebter Mensch schwer erkrankt.

Schnell kommt die Frage nach dem Sinn. Der Mensch will gerne verstehen und das ist auch völlig legitim. Wenn wir einen Sinn in einer Sache erkennen können, dann hilft uns das mit dem im Moment so unangenehmen Umstand, besser klar zu kommen.

Nehmen Sie beispielsweise die Situation, dass ein Zug sich deutlich verspätet. Erst 10 Minuten, dann 30 Minuten und schließlich sind es 2 Stunden. In den meisten Fällen wird man ungeduldig oder gar ärgerlich.

Vielleicht unterhalten Sie sich sogar mit anderen Reisenden, die auch auf diesen Zug warten. Schnell findet man einen Schuldigen. In diesem Fall die Bahn. Die Bahn ist schließlich immer unpünktlich.

Doch das hilft Ihnen kein Stück weiter. Dem Einzigen, dem Sie damit schaden, sind Sie selbst. Denn Sie bekommen immer schlechtere Laune, werden immer unruhiger und Ihr Zug ist dadurch auch noch nicht da.

Bitte stellen Sie sich jetzt vor, dass in diesem Moment eine Bahnhofsdurchsage zu hören ist, die allen Reisenden mitteilt, dass der Zug aufgrund eines Unfalls auf den Gleisen diese große Verspätung verursacht. Man bittet Sie um Verständnis und bietet Ihnen ggf. auch Gutscheine für Kaffee o. ä. an.

Wie fühlt sich das jetzt an? Jetzt ist die Situation die gleiche, aber Sie haben jetzt die Ursache, den Grund für die Verspätung erfahren. Geht es Ihnen damit nicht deutlich besser? In den meisten Fällen ist das genau der Fall. Sobald wir die Begründung für einen Umstand erfahren, können wir diesen besser akzeptieren.

Doch nun zurück zu unseren eigenen Themen. Bitte denken Sie an eine Situation in Ihrem Leben, die Sie mehr oder weniger aus der Bahn geworfen hat. Sie verstehen überhaupt nicht, wie das passieren konnte.

Sie suchen nach möglichen Gründen, Ursachen, wollen gegensteuern. Doch alles ist vergebens. Alle Anstrengungen sind *für die Katz*, wie man so schön sagt. Jetzt ist der richtige Zeitpunkt, loszulassen und zu vertrauen, dass alles richtig ist. Eine zunächst sehr schwere Aufgabe, das gebe ich zu. Doch bitte erinnern Sie sich an die Bahnhofsdurchsage. Die Begründung beruhigt Sie und verhilft Ihnen, diese aktuelle Situation anders zu bewerten und damit zu leben.

In Ihrer eigenen Situation müssen Sie diese Bahnhofsdurchsage sich selbst geben. Das bedeutet, dass Sie vertrauen, dass es einen Grund dafür gibt, den Sie in diesem Moment nicht sehen können. Dieser wird sich jedoch zeigen, wenn Sie darauf vertrauen.

Dazu ist mir ein sehr gutes Beispiel bei einem der vielen Staus eingefallen, in dem ich im Laufe meines Lebens stand (oder noch stehen werde). Sie alle kennen das, mühselig und quälend langsam geht es im Schritttempo voran. Manchmal auch gar nicht. Noch besser ist es, wenn direkt vor uns ein LKW fährt. Wir schauen stoisch auf die Heckklappe eine Containers. Die Tatsache, dass wir nicht durch den LKW hindurchsehen können, macht uns noch unruhiger. Wenn es nur lang genug dauert, dann werden unsere Nerven mehr als auf eine harte Probe gestellt.

Da durchfuhr es mich wie ein Blitz. Es ist wie im Leben. Manchmal fließt der Verkehr wie von selbst und manchmal nicht. Manchmal stehen wir sogar in einer Vollsperrung und nichts geht mehr. Wir glauben, wir müssen ewig hier fest sitzen. Allerdings glauben wir das nur. Das Entscheidende ist, wir wissen eben nicht, wie lange es dauern wird. Wir kennen oft auch nicht die Ursache. Ist es ein Unfall oder nur eine Baustelle? Wenn wir dann auch nichts vor uns sehen können, weil der LKW immer noch vor uns steht, dann scheint die Lage umso anstrengender zu sein.

Dabei geht es ja weiter. Nur nicht im gewohnten Tempo. Schritt für Schritt. Das Leben geht auch manchmal etwas langsamer vor sich. Es liegt an uns, ob wir nun damit hadern oder ob wir vertrauen, dass es schon weiter gehen wird. Wir wissen lediglich nicht, wie lange es dauern wird. Stellen Sie sich mal vor: Da würde jemand die Menschen, die im Stau stehen, informieren und sagen, wie lange Sie warten müssen.

Es würde die Situation nicht ändern, aber auf einmal wäre der LKW nicht mehr so störend. Warum nicht? Da wir wissen, wie lange wir noch warten müssen und wir nichts daran ändern können, beginnen wir, es zu akzeptieren.

Warum also nicht gleich selbst die Situation akzeptieren? Auch ohne die Information, wie lange es wirklich dauern wird. Übrigens habe ich noch nie von Menschen gehört, die auf ewig im Stau stecken geblieben sind.

Ich bin sicher, bei dem nächsten LKW, der im Stau vor Ihnen steht, werden Sie zumindest schmunzeln. Lassen Sie einfach los.

Ich selbst habe loslassen gelernt, als der Scheidungskampf entbrannte. Zunächst tat ich alles, damit die Ehe gerettet würde, immer und immer wieder. Zunehmend begriff ich, dass meine Anstrengungen vergebens sind, da es immer wieder auf das Gleiche hinauslief. Es sollte einfach nicht mehr sein.

Wenn eine Tür nicht aufgeht, dann ist es nicht deine Tür

Mit dieser Weisheit spürte ich, dass der richtige Zeitpunkt gekommen war, loszulassen und zu vertrauen auf die Zukunft.

Eines Sonntagabends ging ich in den Wald an einen schönen See. Ich nahm meinen Ehering, verabschiedete mich würdevoll davon und warf ihn weit in den See hinaus. Dieses Ritual hat mich befreit.

Das Schwierigste daran war zu erkennen, wann der richtige Zeitpunkt gekommen war, vom Kämpfen ins Loslassen zu wechseln.

Fazit:

Schritt 1:

Achten Sie darauf, wenn Ihre Bemühungen immer wieder nicht das gewünschte Ergebnis erzielen.

Schritt 2:

Setzen Sie selbst den Punkt, an dem Sie würdevoll loslassen.

Schritt 3:

Vertrauen Sie darauf, dass sich alles zeigen wird, was Sie aus dieser Situation führen wird.

Nichts ist es wert, sich daran so aufzureiben, dass man daran verzweifelt!

4. Was könnte nicht alles passieren?

Von der Angst und anderen Hinderungsgründen

Einfach machen, haben wir bis hierher gesagt. Einfach los, doch was ist wenn es nicht funktioniert? Was ist, wenn ich scheitere? Was ist, wenn das, was ich mache, niemand haben will?

Was ist, wenn... diese Fragen ließen sich beliebig fortführen. Ja, es gibt immer einen Grund, warum ich etwas nicht anfange oder einfach umsetze. Es gibt immer eine Begründung, etwas nicht zu tun. Mit einem Wort: ANGST. Angst davor zu versagen. Unter dem Strich bedeutet das: Wir fürchten die Ablehnung von anderen Menschen bzw. deren Zuneigung. Jemand anderes könnte schlecht von mir denken. Jemand könnte über mich reden, dass ich erst etwas angekündigt habe, was ich alles machen und schaffen wollte und es dann doch nicht geschafft habe. Ich könnte mich lächerlich machen. Die anderen könnten mit Fingern auf mich zeigen und ihre Verachtung zum Ausdruck bringen.

Ist das nicht verrückt? Da bezeichnen wir uns als erwachsene Menschen, gehen unserer täglichen Beschäftigung nach, bilden uns stetig fort und glauben, doch nie genug zu sein, weil wir das Urteil anderer so sehr fürchten.

Also was konkret können wir tun, bevor wir damit beginnen zu beginnen?

Die Angst steckt wie ein Stachel oder Splitter in Ihrer Haut. Kennen Sie das, wenn sich nur ein winziger Splitter in Ihre Hand gebohrt hat? Sie probieren so lange rum, bis Sie endlich dieses störende kleine Ding aus Ihrer Hand entfernt haben. Sie verwenden jegliche Art von Hilfsmitteln, die Sie gerade in Reichweite haben. Sei es ein Hausschlüssel, ein Stift, ein Küchenmesser – Hauptsache, am Ende sind Sie befreit von diesem Stachel.

Dieser Stachel steht für Ihre Angst. Ihr gesamter Körper ist derweil gesund und stellt eine Funktionstüchtigkeit von 99,99 % dar. Der

Stachel von 0,01 % jedoch hält Sie davon ab, das zu tun, was Sie wirklich wollen.

Bitte stellen Sie sich weiter vor, dass Sie, während Sie noch mit dem Stachel beschäftigt sind, ein wichtiges Gespräch führen wollten. Na, was glauben Sie, wie wird dieses Gespräch wohl ablaufen? Richtig, selbst wenn Sie sich beherrschen, lenkt Sie der punktuelle Schmerz, den der Stachel verursacht, von Ihrer gewohnten Konzentration ab. Das Gespräch wird auch einen anderen Verlauf nehmen als geplant.

Was können Sie konkret dagegen tun? Die Antwort ist, sich erst der Angst zu stellen. Je mehr Sie davor weglaufen, je größer wird die Angst. Das ist wie mit den unerledigten Schulaufgaben. Können Sie sich noch erinnern? Je länger Sie es vor sich her schieben, umso mehr hat sich ein so großer Berg angehäuft, dass Sie nicht mehr in der Lage sind, das noch aufholen zu können. Das Ergebnis wird sein, dass Sie blockieren.

Vielleicht kennen Sie noch von der Augsburger Puppenkiste die Geschichte von Jim Knopf. Jim, ein kleiner farbiger Junge, und Lukas, ein Lokomotivführer, gehen gemeinsam mit der Lok Emma auf Weltreise. Unter anderem kommen die beiden in ein Land, in dem die Bewohner alle Angst vor einem Riesen haben. Niemand traute sich, es mit dem Riesen aufzunehmen. Jim und Lukas jedoch wollten sich den Riesen genauer ansehen. Also gingen sie weiter und sahen schon aus der Ferne den Riesen. Er war wirklich sehr groß. Doch die beiden ließen sich nicht beirren und gingen weiter. Jetzt passierte etwas ganz Erstaunliches. Je weiter Jim und Lukas sich auf den Riesen zubewegten, je kleiner wurde der Riese. Am Ende standen die beiden vor dem Riesen, der genau so groß war wie Jim und Lukas selbst. Das ist eine schöne Geschichte, um diese mit unseren Ängsten zu vergleichen. Wenn wir vor der Angst weglaufen, wird diese immer größer. Nur wenn wir uns der Angst zuwenden, dann können wir ihr wirklich begegnen und ihr den wirklichen Raum geben, damit wir schließlich damit umgehen können. Dadurch hindert uns die Angst nicht mehr an dem, was wir eigentlich tun wollten.

Macht hat, wer macht!

Also wenden Sie sich Ihrer Angst zu und schauen Sie diese an. Ein von mir sehr geschätzter Kollege hat dafür ein sehr schönes Beispiel, wie er das Thema Angst mit Kindern behandelt: Wenn Kinder Angst haben, dann fragt er diese, wie die Angst aussieht. Oft antworten die Kinder dann, dass es sich um ein Tier handele, ein Krokodil beispielsweise. Dann fragt er nach dem Namen des Tieres – damit hat es bereits etwas Persönliches. Schließlich kommt die finale Frage nach dem, was das Tier (mit dem jeweiligen Namen angesprochen) eigentlich will? Die Antwort ist verblüffend simpel. Meistens möchte das Tier mit dem Kind spielen.

Ja ok, wir sind jetzt erwachsen und haben keine Krokodile und Monster mehr unter dem Bett. Das stimmt und doch können wir aus diesem Beispiel lernen, das wir die Angst ansehen müssen, um dann oft feststellen zu können, dass es vielleicht gar nicht so wild ist, wie wir dachten.

Also ziehen Sie erst den Stachel und dann beginnen Sie.

Wenn Ihnen das bis hier noch zu ungenau ist, dann mache ich Sie nun mit meiner Drei-Schritt-Methode bekannt. Diese entstand während meines ersten Irlandurlaubes:

Meine Freundin und ich flogen zum ersten Mal nach Irland. Wir mieteten ein Fahrzeug. In Irland herrscht Linksverkehr und das stellt eine Herausforderung an mein Koordinationssystem dar. Außerdem war der Wagen mit einem Schaltgetriebe (ich fahre sonst Automatik) ausgerüstet. Im Klartext bedeutet das: Linksverkehr und mit der linken ungeübten Hand die Schaltung bedienen – dann gleich hinein in den dichten Stadtverkehr von Dublin. Soweit so gut, nach zwei Tagen hatten wir uns so einigermaßen eingewöhnt. Als wir im weiteren Wochenverlauf auch die ländliche Gegend besuchten, fuhren wir oft über sehr knapp bemessene Landstraßen. Links und rechts der Fahrbahn befanden sich oft die sonst so schön anzusehenden und für Irland typischen Mauern aus Naturstein. Als nun an einem Tag ein LKW auf der Gegenfahrbahn etwas sportlich um die Ecke kam, waren wir gezwungen, ruckartig auf den knapp bemessenen Grünstreifen (ca. 30 cm) auszuweichen. Das war knapp. Mit einem kleinen Schreck und doch erleichtert, dass nichts passiert war, fuhren wir weiter. Doch schlagartig verschlechterte sich meine Laune, als ich später auf einem Parkplatz durch einen Zufall wahrnahm, dass die Felgen auf der linken Fahrzeugseite stark beschädigt waren.

Dazu muss ich noch erklären, dass ich kurz vor dem Urlaub in Deutschland meinen Leasingwagen zurückgegeben hatte. Es gab kleine Beschädigungen, die mit 1400,-€ berechnet wurden. Das tat weh und genau diese Gedanken waren sofort wieder in meinem Kopf präsent. Ich ließ also zu, dass Geschehnisse aus der Vergangenheit Raum in der Gegenwart bekamen. Die Gedanken überschlugen sich. *Zwei Felgen, das kostet bestimmt 1000,-€ das Stück plus Lohn.* In meinen Gedanken kamen die tollsten Summen zustande. Ich ärgerte mich – ärgerte mich immer weiter, konnte einfach nicht loslassen und ich fing immer wieder von diesem Thema an zu sprechen. Ich ärgerte mich noch mehr, als ich merkte, dass ich mich so ärgerte, denn schließlich sind wir ja im Urlaub. Schön blöd, denken Sie? Recht haben Sie. Also, was habe ich getan, um das zu beenden?

Zunächst habe ich mir bewusst gemacht, dass es wirklich zu schade ist, den restlichen Urlaub damit zu verbringen, mich über eine Situation zu ärgern, die ich zu diesem Zeitpunkt gar nicht ändern konnte. Ich machte mir Gedanken über die Rückgabe des Fahrzeuges, die noch gar nicht anstand und von der ich nicht wissen konnte, wie diese verlaufen würde. Genau darin liegt der Schlüssel.

Sie kennen sicherlich den schönen Spruch: Der liebe Gott gebe mir die Kraft, Dinge zu ändern, die ich ändern kann, die Gelassenheit, Dinge zu belassen, die nicht änderbar sind, und die Weisheit, zwischen beiden zu unterscheiden.

So ähnlich habe ich meine persönliche Drei-Schritt-Methode aufgebaut:

Ich konnte nicht wissen, ob überhaupt und wenn ja, wie eine mögliche Schadensberechnung ausfallen würde. Ich war auch nicht sicher, ob die Beschädigung an den Felgen schon bei der Übergabe bestanden hatte. Ich hätte besser hinschauen müssen.

Folgende Fragen habe ich mir selbst gestellt:

1. Weiß ich genau, dass der Schaden berechnet wird?

2. Wenn wirklich etwas berechnet wird, dann weiß ich jetzt noch nicht, in welcher Höhe die Rechnung ausfällt.

3. Wenn es zu einer Berechnung kommt, dann ist es am Ende nur Geld. (Gesundheit ist schwieriger oder gar nicht mehr herzustellen.)

Genau so können Sie allen eigenen Bedenken und Ängsten begegnen.

Daraus entwickelte ich meine persönliche Drei-Schritt-Methode:

Schritt 1:

Weiß ich genau, dass der Umstand so eintreten wird, wie ich diesen mir gerade vorstelle?

Schritt 2:

Falls es so kommt, wie ich denke, weiß ich dann schon in welchem Ausmaß es eintreten wird?

Schritt 3:

Wenn der Fall eintritt, dann ist es am Ende nur...

Ich habe seit diesem Erlebnis diese Drei-Schritt-Methode aufgeschrieben und in mehreren anderen Situationen ausprobiert. Es klappte immer. Sobald ich merke, dass ich mir unnötige Gedanken über etwas mache, dann wende ich die Drei-Schritt-Methode an und werde merklich ruhiger.

Ach ja, jetzt wollen Sie sicher noch wissen, was aus der Rückgabe des Leihwagens geworden ist? Dreimal dürfen Sie raten. Ein biss-

Macht hat, wer macht!

chen schwitzen, dann sagte der Angestellte: „Thanks, have a nice trip back to Germany."

Scheinbar waren die Beschädigungen wirklich schon vorher an dem Fahrzeug vorhanden oder Beschädigungen dieser Art sind aufgrund des für die Touristen ungewohnten Linksverkehrs bereits mit einge-rechnet. Auf jeden Fall werde ich bei der nächsten Übernahme eines Mietwagens diesen vorher genauer ansehen.

Fazit:

1. Vor dem Beginnen schauen Sie hin, wo Ihre Angst ist.

2. Definieren Sie Ihre Angst. Wovor fürchten Sie sich wirklich?

3. Klären Sie Ihre Angst mit der Drei-Schritt-Methode.

Macht hat, wer macht!

Ursprung der Angst

Wo kommt die Angst eigentlich her? Wer sagt uns eigentlich, dass wir vor etwas Angst haben müssen? Gute Frage, meinen Sie? Genauso ist es auch. Überlegen Sie einmal, vor was Sie so Angst haben und wo die Ursache dafür liegt. Folgende Möglichkeiten für vorhandene Angst gibt es:

1. Angst beruht auf Erfahrungen, die wir gemacht haben.

2. Angst beruht auf Ideen und Vorstellungen, die wir von einer Situation haben, die eintreten könnten.

Bitte denken Sie einmal an eine Situation, die Sie beängstigend fanden, weil Sie so etwas schon einmal erlebt haben. Was geht dann in Ihnen vor? Wo sind Sie dann gerade? Sind Sie in der Gegenwart oder in der Vergangenheit? In vielen Fällen sind wir dann genau da, wo die Angst ihren Ursprung hat. In der Vergangenheit. Das *Damals* beherrscht unser Denken und ggf. unser Handeln in diesem Moment. In besonders starken Fällen sogar so stark, dass wir handlungsunfähig werden.

Doch was können Sie konkret dagegen tun? Der erste Schritt ist wieder der, dass Sie es sich bitte bewusst machen, was da gerade passiert. Sie bemerken, dass Sie nicht in der Gegenwart sind, sondern in einer Zeit, die bereits abgeschlossen ist. Durch die Tatsache, dass Sie sich jedoch immer wieder in die bereits erlebte Situation begeben, muss diese sich so oft wiederholen, bis Sie bemerken, dass das gar nicht mehr notwendig ist. Mit anderen Worten, sobald Sie bemerken, was Sie da gerade tun, kommen Sie umgehend in die Gegenwart zurück.

Ein Beispiel:

Eine Person hat Sie schwer verletzt oder betrogen. Sie haben lange gebraucht, um damit zurecht zu kommen. Sobald eine andere Person nun sich im Ansatz (äußerlich) ähnlich verhält, wie die Person, die Sie so sehr gekränkt hat, besteht die Gefahr, dass wir in das bereits Erlebte zurück rutschen. Die Bilder, Gefühle und der Schmerz kehren zurück und damit gehen wir in der Regel in eine Abwehrhaltung.

Jedoch die Person, mit der Sie in der Gegenwart zu tun haben, versteht Ihr Verhalten überhaupt nicht. Wie auch? Denn diese Person kennt die Geschichte ja gar nicht. Vielleicht zieht der Betreffende sich zurück, weil er Ihr Verhalten nicht einordnen kann. Sie verstehen wiederum dieses Verhalten nicht, und fühlen sich in Ihrem Denken bestätigt, dass Sie beispielsweise wieder verlassen wurden.

Im Grunde ist es ganz einfach. Wir sehen Dinge, die real gar nicht da sind und das führt uns dazu, dass wir etwas tun, was für unser Umfeld nicht nachvollziehbar ist.

Genauso verhält es sich auch mit dem zweiten Beispiel. Wenn wir Bedenken haben, obwohl wir keine Erfahrung in diesem Bereich gemacht haben. Einfach nur, weil wir uns ausmalen, was alles passieren könnte.

Gute Lehrmeister sind hier Kinder. Wenn Kinder etwas Neues ausprobieren, dann machen sie das so lange, bis sie keine Lust mehr haben, müde sind oder bis sie es geschafft haben. Denken Sie an das Beispiel wie Kinder Fahrrad fahren lernen. Das gilt auf für das Laufen, Schwimmen, Skifahren und vieles mehr.

Was ist der Unterschied? Die Antwort: Kinder denken nicht so viel. Sie denken nicht darüber nach, was gewesen ist oder sein könnte. Sie wollen es einfach. Vielleicht hat schon einmal jemand zu Ihnen gesagt, dass Sie zu viel nachdenken? Sicherlich hat es sein Gutes, dass wir als Erwachsene vieles vorher gut durchdenken, bevor wir eine Entscheidung fällen. Das muss aber nicht stets und ständig so sein. In manchen Fällen tut es gut, auch einfach mal zu machen.

Stellen Sie sich vor, Sie würden wie in dem Film „Men in Black" mit Will Smith einfach *geblitztdingst* werden. Alles wäre weg. Dann hätten Sie gar keine Grundlage, sich solche Gedanken zu machen. Wäre das nicht schön?

Macht hat, wer macht!

Also, seien Sie etwas mutiger. Lassen Sie hin und wieder los und machen Sie einfach.

Ohne unseren ständigen Blick in den Rückspiegel, wären wir mutiger in der Gegenwart!

Die eigene Größe entdecken

Nun haben Sie es geschafft, Ihren Bedenken und Ängsten entgegenzutreten. Dennoch treffen Sie immer wieder auf Menschen, in deren Umgebung Sie sich klein fühlen. Sie sehen vielleicht den höheren Rang, das Auto, die Position, das Aussehen, einen attraktiven Partner an der Seite des anderen, Geld, Haus, große Reisen und wer weiß was sonst noch alles.

Das Entscheidende dabei ist, dass wir uns beim Anblick dieser Äußerlichkeiten klein fühlen. Aber wer genau macht uns klein? Sind es wirklich die anderen? In den meisten Fällen kennen wir die betreffenden Personen überhaupt nicht. Sie haben auch gar nichts zu uns gesagt. Sie haben mich vielleicht nicht einmal wahrgenommen. Also, wer genau macht mich hier klein? Genau, ich selbst.

Die gute Nachricht: Wenn ich mich selbst klein gemacht habe, dann kann ich mich auch wieder groß machen. Zunächst ist es wichtig, dass Sie sich der Tatsache bewusst werden, was genau Sie fühlen. Kleinheit oder Ohnmacht? Dann betrachten Sie die Situation. Was genau passiert? Wer hat etwas gesagt oder gemeint? Woher kommen diese Anklagen?

Wenn Sie entdecken, dass diese aus Ihnen selbst kommen, haben Sie den ersten wichtigen Schritt getan. Damit haben Sie erreicht, dass die anderen auf einmal gar nicht mehr wichtig sind. Denn wie bereits besprochen, diese nehmen Sie in der Regel gar nicht so wahr, wie Sie es von sich denken.

Damit ist der Fokus nun auf Ihr Inneres gerichtet und genau da gehört er hin.

Was nun? Jetzt können Sie sich selbst die Macht zurückgeben. Die Macht, die Sie bislang dafür genutzt haben, um sich klein zu halten, ist auch genau für Ihre eigene Größe nutzbar. Haben Sie schon mal davon gehört, dass *Glücklichsein* eine Entscheidung ist? Genau so ist es auch. Es ist eine Entscheidung, die nur alleine Sie selbst fällen können. Also entscheiden Sie sich für das, was Sie wirklich sind. Einfach großartig.

Ein Beispiel dazu: Bei meinem ersten Halbmarathon war ich natürlich sehr aufgeregt. Ich habe den ganzen Sommer über trainiert. Ich glaubte, gut vorbereitet zu sein. Bislang war ich ja immer allein durch den Wald gelaufen.

Als ich im September 2014 zu dem Wettkampf antrat, änderte sich mein Inneres sofort. Ich sah die vielen Läufer mit ihren professionellen Outfits und Ausrüstungen. Alles Profis, dachte ich sofort. Die sind alle besser als ich und sofort wurde ich ganz klein. Als sich die Läufer nach geplanten Laufzeiten in die Startzone aufstellen sollten, stellte ich mich immer weiter hinten hin. Ich fing an zu zweifeln.

Ich erinnerte mich, dass mir jemand geraten hatte, mich nicht von dem Getöse, den Trommlern und Anfeuerungsrufen der Zuschauer dazu verleiten zu lassen, zu schnell loszulaufen. Dann hätte ich später keine Kraft mehr. Da ich bislang nur allein gelaufen war, nahm ich diesen Ratschlag ernst. So kam der Startschuss und ich konzentrierte mich auf mich, mein Laufen und meine Atmung. Natürlich genoss ich die Atmosphäre, doch ich kehrte immer wieder zu mir zurück.

Jetzt kommt das Erstaunliche. Ich genoss meinen Lauf. Ich lief den Halbmarathon in einer neuen Rekordzeit im Vergleich zum Training. Doch ich sah auch Läufer, die aufgeben mussten. Teilweise waren schon Sanitäter bei diesen Läufern. Ich erkannte Personen wieder, vor denen ich mich gefürchtet hatte, weil sie äußerlich so professionell wirkten.

Da wurde mir klar, dass ich mich vom Äußeren habe blenden lassen. Denn schließlich kann sich jeder einfach eine Ausrüstung kaufen, das ersetzt noch lange kein intensives Training. Ich hörte mal einen interessanten Satz:

Die Weltmeisterschaft im Skirennen wird im Sommer entschieden.

Macht hat, wer macht!

Bitte verstehen Sie mich richtig. Ich war in keinem Fall schadenfroh darüber, dass die Mitläufer aufgeben mussten. Es hätte mich genauso gefreut, wenn sie auch alle das Ziel erreicht hätten. Ich bedanke mich bei diesen Menschen. Denn durch sie habe ich gelernt, dass ich mich nicht mehr von den Äußerlichkeiten beeindrucken lasse und mehr zu mir selbst stehe.

Fazit

Schritt 1:

Achten Sie auf Ihre Gedanken und Gefühle, wenn Sie Kleinheit gegenüber sich selbst empfinden. Wo genau kommen diese Gefühle her? Wer sagt etwas zu Ihnen?

Schritt 2:

Schauen Sie auf sich selbst. Erlauben Sie Ihrer eigenen Macht, die sie klein gemacht hat, sie auch wieder groß zu machen.

Schritt 3:

Freuen Sie sich über Ihre eigene Größe und genießen diese in vollen Zügen. Stellen Sie fest, wie sich auch das Außen verändert hat.

Wenn wir uns auf uns selbst konzentrieren, erfahren wir, wie großartig wir wirklich sind!

Fokus erweitern

Wir wünschen uns oft eine Situation herbei, für die wir alles bereit sind zu tun. Spätestens jetzt an dieser Stelle des Buches haben Sie beschlossen, nicht mehr auf die anderen zu warten, sondern so richtig Vollgas zu geben, um Ihren Traum umzusetzen.

Dabei haben Sie sich ein Ziel gesetzt, dass messbar und umsetzbar ist. Einen Zeitrahmen haben Sie sich auch gegeben, Sie sind voller Schaffensfreude und voller Elan bei der Sache.

Dann der erste Rückschlag. Ok, denken Sie sich. Es kann nicht immer alles glatt gehen, also weiter. Dann der nächste Rückschlag, jetzt torkeln Sie ein wenig. So leicht wie beim ersten Mal stecken Sie es nicht mehr weg, aber Sie gehen weiter beharrlich Ihren Weg. Schließlich haben Sie sich ein Ziel gesetzt, dass von Ihnen auch erreicht werden will. Nachdem Sie mehr Schlappen als Fortschritte eingesteckt haben, beginnen Sie zu zweifeln. „Toll, jetzt habe ich alles gemacht, war fleißig, zielgerichtet, habe mich auch bei Rückschlägen nicht entmutigen lassen. Aber trotzdem geht es einfach nicht weiter." Ihnen ist danach, alles hinzuschmeißen. Natürlich hält Sie zum einen Ihr Ehrgeiz zurück und zum zweiten die Tatsache, dass Ihnen klar ist, wenn Sie jetzt aufgeben, dass alles Vorhergegangene vergebens war. Was also sollen Sie tun?

Jetzt ist der Zeitpunkt gekommen, den Fokus zu erweitern. Was bedeutet das? Stellen Sie sich vor, Sie haben das Ziel sehr fokussiert gesehen. Beispielsweise wie durch ein Rohr.

Sie sehen zwar konkret Ihr Ziel und auch den Weg bis dahin, aber der Blick ist eingegrenzt. Stellen Sie sich weiter vor, Sie nehmen das Rohr jetzt weg und betrachten das gleiche Ziel. Dabei stellen Sie fest, dass es noch viel mehr Möglichkeiten gibt, als Sie bisher gesehen haben. Entweder gibt es alternative Ziele oder alternative Wege, um das angestrebte Ziel zu erreichen.

Beispielsweise haben Sie einen potenziellen Partner im Fokus oder eine neue Stellung, die mit einem entsprechend höheren Gehalt verbunden ist. Nachdem Sie das Rohr herunter genommen haben, können Sie außerdem feststellen, dass es auch andere Wege gibt, um das ursprüngliche Ziel oder die Alternativen zu erreichen. Beispielsweise glauben Sie nur in dieser Firma, aber auch wirklich nur in dieser Firma, diesen einen beruflichen Aufstieg erklimmen zu können. Warum? Wer sagt Ihnen, dass es in einer anderen Firma nicht auch klappen könnte und dazu vielleicht noch viel schneller und leichter? Oder wollten Sie sich nicht schon längst selbstständig gemacht haben?

Wir neigen dazu, immer nur dem zu trauen, was wir wissen oder zu kennen glauben. Das Zauberwort heißt Vertrauen. Vertrauen Sie, dass es mehr gibt, als Sie im Moment sehen können.

Fazit

Schritt 1:

Prüfen Sie das gesetzte Ziel und den Weg dorthin. Ist das die einzige Möglichkeit, dieses Ziel zu erreichen? Gibt es andere mögliche Ziele oder Wege?

Schritt 2:

Erweitern Sie Ihren Fokus für das Ziel und auch den Weg zum Ziel.

Schritt 3:

Vertrauen Sie darauf, dass es mehr gibt als das, was SIE bisher sehen können.

Es gibt immer mehr Möglichkeiten, als wir im ersten Moment sehen können!

Macht hat, wer macht!

Lass los von allem „Überflüssigen"

„Ich habe keine Zeit, ich muss noch so viel erledigen." Sicher haben Sie diesen Satz schon oft gesagt oder gedacht und dabei festgestellt, wie sehr Sie unter dem Druck stehen, so viele Dinge noch erledigen zu müssen. Ständig in Eile. Da sind die Kinder zu versorgen, der Haushalt zu machen, der Einkauf zu tätigen, den Rasen zu mähen. Eigentlich wollten Sie schon lange die Bücher lesen, die da in der Ecke vor sich hin schlummern – dann halt im Urlaub. Sie wollten endlich mal wieder mit einer Freundin in Ruhe einen Abend verbringen und mal nicht an Familie denken oder an die Arbeit. Sie wollten so gerne eine Sportart oder ein bestimmtes Hobby ausüben, eine Reise machen, eine Sprache lernen oder sich ehrenamtlich engagieren? Dann machen Sie das eben, wenn Sie in Rente sind.

Was genau ist es, auf das Sie warten? Darauf dass Sie mehr Zeit dafür haben oder der richtige Moment kommt? Bitte blicken Sie einmal zurück, wann in den letzten Jahren dieser Zeitpunkt gekommen ist? Gar nicht? Dann können Sie sehr davon ausgehen, dass der Zeitpunkt auch in der Zukunft auf sich warten lässt.

Wenn es Ihnen also ernst ist mit den Dingen, die Sie vorhaben, dann warten Sie nicht länger auf den passenden Zeitpunkt, sondern schaffen Sie sich den Zeitraum. Wie, fragen Sie?

Zuviel des „Guten"...

Bleiben wir bei einem einfachen Beispiel: Sie haben keine Zeit, Ihre Freunde zu treffen, da Sie so viel Hausarbeit haben. Natürlich können Sie mit Recht einwerfen, dass es schon sauber zu Hause sein sollte, der Garten sollte nicht verwildert und der Kühlschrank gefüllt sein. Haben Sie schon mal darüber nachgedacht, die Arbeit abzugeben? Wie wäre es mit einer Haushaltshilfe? Moment, ich bin noch nicht so alt, als das ich die Dinge nicht selbst erledigen könnte. Außerdem, warum sollte ich Geld für etwas ausgeben, was ich selbst erledigen kann, denken Sie?

Genauso habe ich auch mal gedacht, bis ein Freund (er hatte bereits seit längerer Zeit eine Haushaltshilfe eingestellt) mir sagte, wie sehr seine Lebensqualität zugenommen hatte. Mein Freund und seine Frau sind beide berufstätig. Alle Tätigkeiten, die i. d. R. auf das Wochenende verschoben werden, wie einkaufen, kochen, putzen, bügeln etc. haben einen Großteil des Wochenendes eingenommen. Dann noch ein paar Pflichtbesuche bei der Familie und das Wochenende war wieder vorbei. Am Montag hatte uns die Arbeit wieder im Griff. Also, wo war hier die Erholung?

Durch die Haushaltshilfe hat mein Freund es tatsächlich geschafft, das Wochenende zu seinem Vorteil bereits am Samstagmorgen beginnen zu lassen. Sein Erholungsfaktor ist erheblich gestiegen. Ganz nebenbei auch seine Laune und sein Gesundheitszustand. Er geht jetzt mit seiner Frau am Samstagmorgen frühstücken, wenn den beiden danach ist. Danach entscheiden beide, was sie mit ihrem Wochenende anfangen wollen.

Jetzt haben Sie endlich mehr Freiraum und dann kommen aber die Pflichttermine? Das ist ein weiterer wichtiger Punkt, der, wenn man diesen richtig begegnet, ein enormes Stück Lebensqualität herbeiführen kann.

Eine Freundin von mir lud zu ihrem 40. Geburtstag ein. Sie wollte groß feiern und freute sich auch sehr darauf. Allerdings verspürte ich trotz alledem eine gewisse gedrückte Stimmung bei ihr. Sie berichtete, dass sie einige Personen einladen müsste, aber darauf keine Lust habe.

Ich schlug ihr vor, einfach nur darauf zu hören, was ihr eigenes Inneres sagte. Mit anderen Worten, nur die Menschen einzuladen, die sie gerne an einem solchen Tag um sich haben möchte. Schließlich war es ihr Geburtstag. Ich mache das bereits seit einigen Jahren so. Schließlich ist es Ihre Feier. Das geht nicht, meinen Sie? Schließlich muss doch Onkel Erwin eingeladen werden, weil auch Tante Trude eingeladen worden ist? Das würde doch Ärger geben. Sie wäre bestimmt beleidigt.

Nun, ich weiß nicht, warum Sie Onkel Erwin weniger mögen, aber eines ist sicher: Es gab in der Vergangenheit einen Grund dafür und zwar einen, der bis heute anhält. Warum also wollen Sie ausgerechnet jetzt, wo es um Freude und Spaß geht, eine Situation absichtlich herbeiführen, die alles andere als Freude und Spaß vorhersagt? Befürchten Sie, dass Onkel Erwin danach nicht mehr mit Ihnen redet?

Warum ist Ihnen das so wichtig, wenn Sie doch nicht gut auf ihn zu sprechen sind? Oder befürchten Sie, dass man schlecht über Sie spricht? Menschen, die eine gute Meinung von Ihnen haben (die voraussichtlich auch alle eingeladen sind) werden sich nicht beeinflussen lassen. Sollten sie es doch tun, gehören sie mehr zur Kategorie derjenigen, auf deren Einladung Sie durchaus verzichten können.

Ich habe mich selbst viele Jahre lang nach vielen Feiern, die ich ausgerichtet habe, geärgert. Es haben Menschen auf der Feier rumgenörgelt. Sei es, dass sie unzufrieden mit dem Essen waren, fehlende Getränke (ich hatte vielleicht nicht den Cabernet Sauvignon aus Chile, sondern aus Südafrika), dass die Musik zu laut oder zu leise war und was weiß ich sonst noch für Probleme. Jeder, der auf meinen Feiern bereits eingeladen war, weiß, dass es mehr als reichlich zu essen und Getränke gibt.

Aber immer wieder saß ich da, nachdem der letzte Gast gegangen war, und ärgerte mich über diese Leute. Ich konnte meine eigene

Party in meinem eigenen Haus nicht genießen. Ich dachte darüber nach, woran das lag und ich kam darauf, dass es immer die Menschen waren, die ich nur aus Pflichtgefühl eingeladen hatte. Nach dem Motto: Wenn ich den einlade, muss ich den und den auch einladen. Das ging noch einige Geburtstage so weiter und eines Tages war ich mutig. Ich entschied mich, nur noch Spaß auf meiner eigenen Feier zu haben. Also lud ich nur noch Leute ein, die ich auch gerne um mich haben wollte. Das Ergebnis war, dass ich die beste Feier meines Lebens feierte und mache es seitdem nur noch so.

Was aus den anderen geworden ist, die nicht eingeladen waren? Ich habe keine Ahnung. Es hat sie auch niemand vermisst. Im Gegenteil, ich habe etwas wiedergefunden – meine Freude am Feiern.

Meine Freundin mit dem 40. Geburtstag konnte dem allerdings noch nicht folgen. Es kam, wie es kommen musste. Die Feier endete in den frühen Morgenstunden mit einem Familiendrama, das bis heute anhält. Ich wünsche ihr sehr, dass sie auch ihre Freiheit findet, das zu tun, was ihr gefällt.

Materieller Überfluss

Diese Art der Befreiung gilt auch und ganz besonders für materielle Dinge. Mit wie vielen Dingen umgeben wir uns täglich? Wie viele Dinge liegen ungenutzt auf den Dachböden, in Kellern, Schuppen, Schubladen und Schränken? Ganz besonders merken Sie das, wenn es mal wieder an das Aufräumen geht, das wir übrigens auch gerne vor uns herschieben. Warum? Weil wir Dinge, die wir eigentlich nicht mehr benötigen, von A nach B schieben. Weil wir der Meinung sind, diese ja noch eines Tages gebrauchen zu können.

Als ich eine Typ-Beratung besuchte, sagte die Trainerin, wir sollen Kleidung, die wir ein Jahr lang nicht getragen haben, entsorgen. Sofort entgegneten einige Teilnehmer, dass das nicht ginge, da man doch wieder eines Tages in die Jeans passen, der Pullover doch wieder in Mode kommen würde und schließlich alles auch Geld gekostet habe. Soweit so gut, doch wenn Sie es innerhalb eines Jahres nicht getragen haben, dann haben Sie alle Saisons durchlebt und es nicht gebraucht. Die Wahrscheinlichkeit, dass Sie es tatsächlich im kommenden Jahr tragen werden, ist also eher gering. Spätestens bei einem weiteren Jahresputz wird es Ihnen bewusst.

Ferner ist das einer der Gründe, warum der Satz, *ich habe nichts anzuziehen*, trotz eines prall gefüllten Kleiderschranks zutreffen kann. Die Person hat tatsächlich nichts anzuziehen von dem, was vorhanden ist. Schlicht, weil es nicht passt, nicht in Mode ist oder nicht kombinierbar mit den anderen Kleidungsstücken ist.

Also Ärmel hoch und seien Sie mutig. Sie müssen ja nicht alles in die Mülltonne werfen. Verschenken Sie die von Ihnen nicht benötigten Kleidungsstücke an Freunde und Bekannte, geben Sie die Kleidung an wohltätige Einrichtungen etc. Dann erfüllen Sie noch einen guten Zweck.

Wenn jetzt Ihr Kleiderschrank sehr leer aussieht, gut so. Jetzt haben Sie einen Grund einzukaufen. Sie brauchen nur Kleidung, die Ihnen zu Gesicht steht, die Sie mögen und auch wirklich tragen werden.

Sie werden eine deutliche Erleichterung verspüren. Sie befreien sich von überflüssigen Dingen, die Sie bis dahin nur gehortet, aber nicht genutzt haben.

Ich mache das jetzt seit vielen Jahren so und nicht nur mit der Kleidung. Alles kommt auf den Prüfstand. Einmal im Jahr räume ich alle Schränke aus und frage mich, wann ich das zum letzten Mal benutzt habe. Wenn ich es nicht mindestens einmal während des vergangenen Jahres benötigt habe, sortiere ich es aus. Ich verkaufe es, verschenke es oder wenn es gar nicht anders geht, werfe ich es weg.

Übrigens bin ich so auch mit dem Geschirr in der Küche verfahren. Ich hatte bis dahin immer das *einfache* Geschirr für den täglichen Gebrauch in der Küche und das *gute* Geschirr im Wohnzimmerschrank. Dies wurde nur zu bestimmten Anlässen genutzt. Im Grunde wie bei Oma und Opa früher mal. Das fand ich irgendwann komisch. Das gute Geschirr, das so teuer war, nutzte ich seltener, als das billige Geschirr. So entschied ich mich um und nutze seitdem täglich das bessere Geschirr. Das andere Geschirr habe ich auf einem Polterabend einem anderen Zweck zugeführt.

Macht hat, wer macht!

Fazit

Schritt 1:

Prüfen Sie, was Sie an materiellen Dingen im vergangenen Jahr wirklich benötigt haben. Prüfen Sie, wer Ihnen gut tut bzw. wer Ihnen nicht gut tut.

Schritt 2:

Entscheiden Sie, was Sie wirklich behalten wollen. Umgeben Sie sich nur mit Menschen, die Sie gerne um sich haben.

Schritt 3:

Genießen Sie Ihre Freiheit.

Weniger ist oft tatsächlich mehr!

Alles ist endlich...

Wenn Sie sich von allem materiellen Überfluss befreit haben (dieser Prozess kann sich durchaus über einige Jahre entwickeln), dann halten wir doch bitte einen Moment inne. Es ist Zeit, Revue passieren zu lassen. Was haben Sie alles in Ihrem Leben erreicht? Haben Sie einen Beruf, zu dem Sie sich berufen fühlen, der Sie vollkommen erfüllt? Haben Sie eine liebevolle Familie? Haben Sie aufrichtige und verlässliche Freunde? Haben Sie Freude in Ihrem Herzen? Lieben Sie das Leben?

Warum jetzt diese Fragen? Ganz einfach, wie schon bekannt, bemühen wir uns in der Regel um das Außen. Das heißt, ein gutgezahlten Job, einen Partner, der attraktiv ist, Kinder, die sich zu benehmen wissen, ein schönes Haus, ein großes Auto, der Karibikurlaub, von dem wir dann erzählen können und und und...

Sie bemerken bereits den Unterschied. Ich unterhielt mich einmal mit einem guten Kollegen über Gehälter. Wir beide verdienten sehr gut. Die Summe entsprach dem Vielfachen dessen, was wir vor 20 Jahren verdienten. Waren wir deswegen glücklicher? Hatten wir am Ende des Monats mehr Geld über? Nein. Das Geld geht genauso weg wie in jungen Jahren. Mein Kollege meinte: „Schau doch einfach mal auf unseren täglichen Frühstückstisch. Was haben wir in jungen Jahren gekauft und was steht heute auf dem Tisch? Früher hat es die No-name-Marmelade von Aldi getan, Dosenwurst und abgepackter Käse. Heute haben wir Bioeier, die hausgemachte Marmelade vom Bauern zu 5,-€ das 250g-Glas, den kellergereiften Käse vom Markt."

Gut, die meisten Dinge sind auch wesentlich gesünder. Doch auch in allen anderen Bereichen geben wir mehr Geld aus. Sei es beim Reisen, Möbel, Auto, Kleidung, Freizeit oder Essen. Ich weiß noch genau, wie ich mir früher oft vorgestellt habe, wie ich 1000,-DM jeden Monat sparen könnte, wenn ich doch endlich mehr verdienen würde. Tja, irgendwie komisch, es bleibt genauso viel übrig am Monatsende wie früher auch.

Macht hat, wer macht!

Doch diese Erkenntnis kann uns nützen, wenn wir uns deutlich machen, dass alles Geld und Gold uns am Ende nicht zu wahrem Glück verhilft.

Beantworten Sie bitte diese Frage ehrlich für sich.

Sind Sie erfüllt von dem, was Sie tun und was Sie sind?

Vielleicht kennen Sie den Film „Marley & ich". In der Geschichte geht es um einen Labrador Retriever und sein Herrchen. Selbst wenn Sie kein Hundebesitzer sind, so ist dieser Film doch besonders lehrreich. Sie lernen das Leben aus Sicht eines Hundes kennen, von Anfang bis Ende. Mit Ende ist gemeint das Ableben des Hundes. Als Hundebesitzer empfehle ich allen anderen Hundebesitzern, viele Taschentücher in Griffnähe zu haben. Sie fühlen mit. Hunde haben eine deutlich geringere Lebenserwartung als Menschen (ca. 10 Jahre – etwas mehr oder weniger). Mir war das bewusst, als ich meine Berner Sennenhündin Maya bekam. Doch durch den Film wurde mir noch bewusster, wie endlich alles ist. Was, wenn sie morgen nicht mehr da ist? Sofort bekam ich Tränen in die Augen und es veränderte etwas in mir. Wenn ich mal wieder zu müde war, um mit Maya zu kuscheln, spazieren zu gehen oder sie einfach nur zu kraulen (Maya kann da unheimlich ausdauernd sein, was die Aufforderung angeht), dann erinnere ich mich, das alles morgen schon zu Ende sein kann und beuge mich herunter, um mich mit voller Aufmerksamkeit meinem Hund zu widmen. Ich begrüße Maya jeden Morgen beim Aufstehen, sage ihr gute Nacht und wie dankbar ich bin, dass sie mein Hund ist. Ich bin davon überzeugt, dass sie es versteht.

Also nutzen Sie jeden Moment. Jetzt – in diesem Augenblick.

Nachtrag: Maya ist im August 2016 verstorben.

Paulo Coelho hat neben seinen Büchern auch schöne Kurzgeschichten geschrieben. Eine geht so:

Ein Kind, das im Krankenhaus im Koma lag, hatte keine Familie. Niemand, der das Kind besuchte, niemand, der es vermisste. Doch eine Krankenschwester, die sich liebevoll um den kleinen Patienten kümmerte, sagte ihm täglich: „Ich habe dich lieb." Die Ärzte wunderten sich über die Krankenschwester und fragten, warum sie das tue, da das Kind sie doch nicht hören könne. Doch die Krankenschwester sprach unbeirrt täglich weiter zu dem Kind, dass sie es lieb habe.

Nach einigen Wochen konnte der kleine Patient wieder die Finger bewegen, nach zwei weiteren erwachte das Kind.

Ich lernte daraus, dass wir unserer eigenen Überzeugung treu bleiben müssen. Wenn wir an etwas glauben, dann lassen wir uns nicht von anderen Meinungen davon abbringen. Große Dinge konnten in der Welt geschehen, weil einzelne Menschen unbeirrt ihren Weg gingen.

Auf diesem Weg zählt jeder einzelne Moment.

Ich bin zutiefst davon überzeugt, dass andere Menschen und Lebewesen spüren, wie wir über sie denken. Sei es, dass wir es ihnen direkt sagen, zeigen oder einfach nur an den Betreffenden denken.

Alles ist endlich. Wenn Sie wieder einmal in Eile sind, noch etwas kaufen, von dem Sie eigentlich wissen, dass es Sie auch nicht glücklicher macht, wenn das schlechte Gewissen Sie plagt, weil Ihre Kinder eigentlich mit Ihnen spielen wollten, der Partner Zeit mit Ihnen verbringen wollte, der Freund oder Nachbar Ihren Rat brauchte – dann halten Sie inne. Denken Sie an das, was Sie wirklich glücklich macht. Denn morgen könnte alles schon vorbei sein.

Macht hat, wer macht!

Fazit

Schritt 1:

Beantworten Sie für sich, was Sie wirklich glücklich macht und erfüllt.

Unterscheiden Sie zwischen noch mehr von diesem oder jenem und dem wahren Glück, den Begegnungen.

Schritt 2:

Machen Sie sich bewusst, dass alles endlich ist.

Schritt 3:

Richten Sie Ihre Aufmerksamkeit auf das, was Sie wirklich wollen, was Sie wirklich erfüllt.

Macht hat, wer macht!

Alles hat seine Zeit – das Glück auch, denn es ist jetzt!

5. Land in Sicht...

Ist gar nicht so schwer, wie ich gedacht hätte

Bei allem, was wir tun, insbesondere dann, wenn wir uns überwunden haben, stellen wir im Nachhinein fest, dass es oft weniger Hürden gab, als wir uns vorher ausgemalt hatten. Beispielsweise bin ich gestern ins Hallenbad gegangen und hatte so gar keinen Antrieb zu schwimmen. Doch ich war mit zwei Freunden zum Schwimmen verabredet und wollte nicht die Spaßbremse sein. Kaum angekommen, stellte ich fest, dass das Schwimmerbecken vollkommen überfüllt ist. Viele Schwimmkurse hatten bereits die Hälfte des Beckens durch Absperrungen in Anspruch genommen. In dem verbleibenden Rest für die übrigen Besucher tummelten sich Schwimmer aller Alters- und demzufolge Geschwindigkeitsgruppen. Außerdem blockieren die *Beckenrandfesthalter* die Möglichkeit der zügigen Wende. Also alles Gründe, um mich bestätigt zu sehen, heute nicht zu schwimmen. Ich hatte ja eh keinen Bock. „Na gut, dann ein paar Bahnen und dann ist Schluss mit dem Zirkus", dachte ich.

Gesagt, getan – ab unter die Dusche und rein ins Becken. Schwimmen, ausweichen, schwimmen, ausweichen, Stress, Stress, Stress. Was für ein Mist. „Stopp, sofort Stopp", hörte ich mich selbst denken. „Komm zu dir", dachte ich weiter. So konzentrierte ich mich auf mich und meine Schwimmzüge.

Dreimal dürfen Sie raten, was passiert ist. Ich bin dann doch meine üblichen 1000 Meter geschwommen und das in einer hervorragenden Zeit. Was war mit den anderen störenden Schwimmern und *Beckenrandfesthaltern* passiert? Keine Ahnung, wo die waren, offensichtlich sind sie ausgewichen. Ich hatte meine eigene Wahrnehmung der Dinge und meiner Umgebung geändert und so änderte sich meine Umgebung. Ich war mit mir und meiner Leistung, geistig wie körperlich, sehr zufrieden und genoss im Anschluss in aller Ruhe die Sauna mit meinen beiden Freunden.

Solche Beispiele werden Sie viele finden. Arbeiten Sie einfach drauf los, basteln Sie, laufen Sie, mähen Sie den Rasen, springen Sie aus dem Flugzeug, machen Sie, was Sie machen wollen. Fangen Sie einfach an. Vom Rumsitzen und Nachdenken, ob es jetzt der richtige Zeitpunkt ist, es zu tun, werden Sie keine Veränderung erleben. (Leider sind auch die Heinzelmännchen nur eine Geschichte.)

Als ich aus dem Flugzeug sprang, sagten mir vorher alle, dass das Schlimmste die Überwindung sei, aus der Luke zu springen. Ich dachte lange darüber nach und stellte fest, dass das die falsche Programmierung war. Schließlich hatte ich mich freiwillig zu diesem Schritt entschlossen und wollte auch Spaß haben. Also begann ich zu denken, dass ich das machen will. Weg von dem, was alles passieren könnte und hin zu „Ja, ich will da jetzt raus und Spaß haben". Genau so kam es dann auch und noch viel besser. Richten Sie Ihre Aufmerksamkeit nicht auf das Wenn und Aber, sondern auf die noch ungeahnten Möglichkeiten. Eine gute Methode ist es, es zu tun!

Bitte erinnern Sie sich jetzt an Momente, in denen es Ihnen gelungen ist, Dinge anzugehen und die sich nachher als schönes Ereignis herausgestellt haben. Einfach nur, weil Sie es getan haben.

Beispielsweise sind Sie auf eine Party gegangen, von der Sie vorher dachten, dass diese zu langweilig sein könnte. Vielleicht haben Sie auch eine Aufgabe erledigt, die Sie schon so lange vor sich hergeschoben haben oder haben eine längst fällige Bewerbung geschrieben.

Die Lösung ist in diesen Fällen immer das Handeln!

Hierzu noch ein konkretes Beispiel. 2013 übernahm ich als Trainer die Verantwortung für die Aus- und Weiterbildung von Mitarbeiterinnen und Mitarbeitern aus unserem Unternehmen. Zuvor war ich zwei Jahre im Außendienst unterwegs. Ein stark ausgebuchter Terminkalender und ein hohes Arbeitsaufkommen sorgten dafür, dass ich auf schnellste Weise an Gewicht zunahm. Nach 14 Stunden Arbeit täglich war ich abends froh, dass ich endlich in mein Hotelbett fiel. Dazu kamen die diversen geschäftlichen Verabredungen zum Essen. An Sport oder abnehmen war da nicht mehr zu denken. Schließlich, und so ehrlich muss ich sein, habe ich mich auch gerne mit einem guten

Macht hat, wer macht!

Essen oder auch einem Glas Rotwein selbst für den ganzen Stress belohnt.

Im Innendienst war das ganz anders. Geregelte Arbeitszeiten, pünktlich abends zu Hause und auch die diversen Telefonate und die Arbeit abends im Homeoffice fielen einfach weg. Ich erhielt einen enormen Zuwachs an freier Zeit. Nach einem halben Jahr hatte ich mich nicht nur daran gewöhnt, sondern ich wollte auch endlich wieder mein *angefressenes* Gewicht deutlich reduzieren. Ich meldete mich bei Weight Watchers an, um mir bewusst zu machen, was ich den ganzen Tag so zu mir nahm. Im Vertrauen, im Innendienst wird auch viel genossen. Dafür sorgen schon die diversen Geburtstage, an denen immer jemand etwas ausgibt. Also auch hier war Vorsicht geboten. Denn Schokolade und Kuchen sind immer in irgendeinem Büro zu finden.

Nun gut, abnehmen alleine reicht natürlich nicht. Sport muss auch sein, denn schließlich waren auch meine Muskeln nicht mehr so in Anspruch genommen worden, da ich in der Vergangenheit viel im Auto oder bei einem Kunden gesessen habe.

So begann ich, wieder zu laufen. 30 Minuten, später 40 Minuten. Dann kam der Wunsch auf, vielleicht schaffe ich ja mal eine Stunde. Sie können sich vorstellen, dass jede Minute mehr eine Anstrengung bedeutete. Irgendwann schaffte ich, ansatzweise eine Stunde zu laufen. Gefühlt waren das 10 km. Umso enttäuschter war ich, als ich durch meine Recherche im Internet feststellte, dass es nur 6,73 km waren. Was für eine Enttäuschung. So eine Anstrengung. Endlich eine Stunde gelaufen und dann nur so wenig km? Ich war so frustriert. Ich weiß nicht mehr genau, wie es kam, aber meine Freundin meinte, ich solle versuchen, einen Halbmarathon zu laufen. Ich dachte, sie meinte es als Scherz. Ich schaffe nicht mal 10 km und jetzt soll ich 21 km laufen? Meine erste Reaktion war, dass ich das nie schaffen würde.

Doch der Gedanke war gesetzt und arbeitete in mir. Also schaute ich im Internet und tatsächlich, es gab eine Veranstaltung im Oktober in unserer Stadt. Ich habe mich, ohne lange zu überlegen, angemeldet. Damit nicht genug. Ich habe es allen in meiner Umgebung erzählt.

Macht hat, wer macht! 140

Das habe ich vorher noch nie gemacht, dass ich über Ereignisse oder Ziele gesprochen habe, die ich noch nicht erreicht hatte. Durch die Tatsache jedoch, dass alle nun davon Kenntnis hatten, was ich vorhatte, gab es kein Zurück. Ich musste da durch.

Ich habe wie bei der beschriebenen Zielsetzung geschaut, wie viel Zeit mir blieb und habe mir pro Monat 2 km mehr als Teilziel gesetzt. Das war zu schaffen. Dabei konsequent wöchentlich mindestens dreimal trainieren. Es gab auch mal einen Rückschlag, da musste ich wirklich aufhören zu laufen, weil ich zu viel auf einmal wollte und den Weg zurück gehen musste. Doch ich habe weitergemacht. Schließlich und endlich gelang es mir, an dem Tag, an dem ich die 18-km-Hürde erreichen wollte, einfach durchzulaufen. Viele, mit denen ich bis dahin gesprochen hatte, die Erfahrung im Marathonlaufen haben, sagten mir, dass irgendwann der Punkt kommt, an dem du einfach weiterläufst. Tatsächlich war ich an diesem Tag so guter Dinge, dass ich einfach weiterlief und die 21 km in einem Satz schaffte. Was für ein Gefühl, es hat geklappt. Ich war nicht mal sonderlich erschöpft. Ich war nur voller Freude.

Nachträglich sah ich mir mein Ergebnis online in Kilometern an. Das können Sie der beiliegenden Skizze entnehmen. Ich stellte mich mit dieser Erkenntnis noch einmal an den Startpunkt, an dem ich ein halbes Jahr zuvor nicht einmal 10 km geschafft hatte. Ich konnte mir damals nicht vorstellen, ein paar Monate später diese Strecke abzulaufen. Hätte ich versucht, es mir so anzusehen, hätte ich vermutlich gar nicht erst damit begonnen. Es wäre mir zu groß, nicht möglich erschienen. Durch das einfache Anfangen und das Einteilen in kleine Teilschritte, ist es mir gelungen, das große Ganze zu erreichen.

In diesem Jahr habe ich mir vorgenommen, erstmalig einen ganzen Marathon zu laufen und Sie alle haben jetzt Kenntnis davon. Damit habe ich mich selbst wieder beauftragt, es durchzuziehen. Aktuell stehe ich bei 31 km im Training.

Nachtrag: Im Juli 2016 bin ich erstmalig die Marathondistanz in 4h 49 min gelaufen.

Macht hat, wer macht!

Erreichte Ziele bleiben bei mir

Nun, da es endlich erreicht ist, das Ziel, der Frieden, der Traumpartner, der Job, die nächste Gehaltsstufe, der Traumurlaub, das Eigenheim – was auch immer es ist – bleiben Sie bei sich. Drehen Sie nicht durch. Freuen Sie sich, ja, singen, lachen und tanzen Sie, weil Sie sich so freuen – aber bleiben Sie bei sich.

Denken Sie immer daran, dass alles Erreichte im Außen nur zustande kam, weil Sie im Innen klar auf deinem Weg waren. Bleiben Sie es auch jetzt und Sie werden größere Schätze haben, als Sie im Außen je sammeln können.

Sie werden Neider haben, die Ihr Vorgehen kritisieren, Sie belächeln, vielleicht sogar schlecht über Sie reden. Das alles wird Sie nicht treffen, wenn Sie bei sich bleiben. Lange bevor ich begann, dieses Buch zu schreiben, beobachtete ich im Internet, welche Rezessionen über die Autoren geschrieben wurden. Ich war teilweise entsetzt über die vorherrschenden Meinungen. Diese Gedanken im Hinterkopf machten es mir anfangs auch schwer, mich mit den Gedanken zu beschäftigen, ein Buch zu schreiben. Doch noch bevor ich begann, ließ ich die Gedanken zu, dass es wahrscheinlich Menschen geben wird, die mein Buch weniger gut finden werden. Es liegt an mir, wie viel Aufmerksamkeit ich dem schenken möchte. Ich respektiere, dass andere Menschen eine andere Meinung haben. Mir geht es ja genauso. Ich finde auch nicht alles toll, was andere gut finden. Deswegen würdige ich aber den Menschen als das, was er ist.

Wenn wir diese Haltung annehmen können, uns selbst wert schätzen und den anderen ebenfalls, dann kann uns keine Kritik treffen und ich kann meine Erfolge in Würde und auch Demut genießen.

Sich richtig freuen

Damit haben wir eine gelungene Überleitung zum nächsten Abschnitt gefunden. Mich *richtig* freuen. Ich habe einen Bekannten, der beim Kartenspielen eine richtig *diebische* Freude dabei empfunden hat, wenn er einen Stich gemacht hat und dabei andere Spieler den Kürzeren gezogen haben. Das ist eine Art von Freude, die ich schrecklich finde. Sie ist geringschätzend und niederschmetternd. Ich verliere beispielsweise sehr häufig beim Kartenspielen und es macht mir gar nichts aus. Mir ist es wichtiger, mit den Menschen zusammen zu sein, die ich schätze, die Gemütlichkeit, der Austausch, vielleicht auch ein gutes Essen und ein Glas Wein als unbedingt zu gewinnen. Ich spürte selbst, dass wenn ich mal gewann (selten, aber es kam vor), dass ich mich dann auch richtig freuen konnte, aber niemals die anderen dabei entwürdigte. Ich prägte zu dieser Zeit einen interessanten Satz:

„Ich kann mit Würde verlieren – jetzt muss ich noch lernen, in Würde zu gewinnen."

Genau darum geht es: sich in Würde zu freuen über seinen Erfolg. Seien Sie stolz auf Ihren Erfolg, aber nicht vermessen. Genießen Sie die Anerkennung, aber fordern Sie diese nicht ein. So werden Sie noch mehr für das Erreichte bewundert werden, als das es ohnehin schon der Fall ist.

Ich erlaube es mir

Zu guter Letzt erlauben Sie sich, das zu haben, was andere vielleicht nicht haben. Als ich mich damals entschied, meiner Berufung zu folgen und eine Trainerausbildung zu absolvieren, dauerte es gar nicht lange und ich erhielt ein lukratives Angebot, das mit einem deutlichen Gehaltsansprung verbunden war. Nun schulte ich die Menschen, die die Tätigkeit ausübten, der ich bis vor Kurzem noch selbst nachging. Ich sah das Bemühen der Menschen für ein deutlich niedrigeres Gehalt und die Arbeitsbedingungen. Mir dagegen ging es jetzt deutlich besser. Nicht nur, dass ich deutlich mehr verdiente, ich hatte außerdem einen Dienstwagen und konnte frei und selbstständig arbeiten. Ich tat mich sehr schwer, diesen Unterschied zu akzeptieren. Im Grunde akzeptierte ich ihn überhaupt nicht. Mich plagte das schlechte Gewissen. Ich hatte hier so viel Spaß mit meinem neuen Job und hatte noch bessere Umstände. Ich sah, wie sich die anderen abmühten – was für eine Ungerechtigkeit. Ich musste tatsächlich externe Hilfe in Anspruch nehmen, um mir zu erlauben, dass ich für diesen Umstand viel geleistet hatte. Ich habe meine Freizeit und Geld investiert, um eine Trainerausbildung zu machen. Ich habe den Mut besessen, etwas ganz Neues zu machen und auch aus der Bequemlichkeit eines Konzerns auszuscheren und dem zu folgen, was mich am meisten begeisterte: Menschen Hilfestellung zu geben, sich weiter zu entwickeln. Das liebe ich und wollte nichts anderes mehr machen.

Als ich das begriffen hatte, konnte ich es mir erlauben, das alles anzunehmen, ohne zu urteilen. Weder in die eine Richtung (wo ich herkam), noch in die andere Richtung (da, wo jemand mehr ist und hat als ich). Jeder darf das machen, wozu er Lust hat, wenn er genug Mut und Fleiß investiert. Er muss nur herausfinden, was das ist, was er am meisten liebt.

Ich bin heute sehr dankbar für alles, was ich durchgemacht habe. Vieles war sehr langatmig. Doch spätestens nach ein paar Monaten habe ich begriffen, dass alles einem guten Zweck dient, dieser erschließt sich jedoch selten sofort.

Macht hat, wer macht!   145

Also, wenn sich wieder mal nicht gleich der Grund des Geschehens zeigt, halten Sie inne und vertrauen darauf, dass alles richtig ist, was gerade geschieht. Seien Sie dabei ruhig und dankbar und Sie werden das Tor zum wahren Frieden finden.

Macht hat, wer macht!

Macht hat, wer macht!